U0922576

中国科学院统计年鉴

STATISTICAL YEARBOOK OF CHINESE ACADEMY OF SCIENCES

2010

中国科学院计划财务局　编

Bureau of Planning and Finance
Chinese Academy of Sciences

科学出版社
北　京
Science Press, Beijing

中国科学院统计年鉴
STATISTICAL YEARBOOK OF
CHINESE ACADEMY OF SCIENCES
2010

中国科学院计划财务局 编

科学出版社 出版
北京东黄城根北街 16 号
邮政编码: 100717
http://www.sciencep.com

中国科学院印刷厂 印刷

科学出版社出版发行
*
2010 年 10 月第　一　版　　开本: 787×1092 1/16
2010 年 10 月第一次印刷　　印张: 19 3/4
印数: 1—700　　字数: 450 000

ISBN 978-7-03-028950-6

定价: 110.00 元

(如有印装质量问题，我社负责调换〈科印〉)

《中国科学院统计年鉴》(2010)
编委会和编辑人员

Members of the Editorial Committee and Editorial Office of the *Statistical Yearbook of Chinese Academy of Sciences*

编 者 说 明

一、《中国科学院统计年鉴》(2010)是一部全面反映中国科学院科技工作和各项事业发展的资料性年刊。本年鉴收录了全院及院属各单位2009年的统计数据以及历年全院主要统计数据。

二、本年鉴内容分为12个部分,即:学部,机构,人员,经费,基本建设,科技活动,人才培养与引进,专利、科技论文、获奖成果,院、所投资企业开发经营活动,院地合作,国际合作及与港、澳、台地区交流,文献情报、图书出版。主要统计指标解释附在各部分后面。

三、本年鉴资料来源于综合、业务及其他管理部门年度统计报表。

四、本年鉴部分数据合计数由于单位取舍不同产生的计算误差均未做机械调整。

五、本年鉴各部分中的“按学科分”汇总数据,均指按机构所属学科分,个别情况已另加“注”说明。

六、本年鉴由中国科学院计划财务局会同院机关有关部门及相关单位共同完成。在编辑出版过程中,编辑部得到了各方面的支持和帮助,在此一并致谢。

EDITOR'S NOTES

1. The *Statistical Yearbook of Chinese Academy of Sciences*, 2010, is an informational almanac which gives an overall description of every major aspect related to CAS's scientific and technological (S&T) activities and its development. It contains statistical data of institutions and organizations of CAS in 2009 as well as its important statistical information in the past years.

2. The Yearbook consists of the following 12 parts: academic divisions; organizations; personnel; funds; capital construction; S&T activities; talent training and recruitment; patents, S&T papers and award-winning achievements; business activities of CAS and its institution invested enterprises; CAS and locality cooperation; international cooperation, and exchanges with Hong Kong, Macao and Taiwan regions; documentation and information; and publication. Explanatory notes on key indicators are attached at the end of each part.

3. Data contained in the Yearbook are selected from the annual statistical reports of various professional and management departments of the Headquarters of CAS.

4. Details may not add to the total in some statistical tables due to rounding. No manual adjustment is made.

5. The definition "By field" in some statistical tables refers to the classification of research fields which the institutes mainly deal with, some special cases have attached notes.

6. The Yearbook is completed by the Bureau of Planning and Finance of CAS in cooperation with the relevant departments of CAS Headquarters and concerned institutions. The Editorial Committee extends its gratitude to all those who have rendered their valuable support and assistance during the preparation of this Yearbook.

目　　录
CONTENTS

一、学　部

ACADEMIC DIVISIONS

1-1 历届当选的中国科学院院士(学部委员)人数按学部分布
CAS Members, by Academic Division and Election Year

单位：人 (person)

年 份 Year	合计 Total	数学物理学部 Division of Mathematics and Physics	化学部 Division of Chemistry	生命科学和医学学部 Division of Life Sciences and Medicine	地学部 Division of Earth Sciences	信息技术科学部 Division of Information Technical Sciences	技术科学部 Division of Technological Sciences
总 计 Total	**1143**	**204**	**190**	**245**	**201**	**11**	**292**
1955	172	30	22	60	24		36
1957	18	6	2	5	3		2
1980	283	51	51	53	64		64
1991	210	38	35	34	35		68
1993	59	10	10	11	10		18
1995	59	10	9	12	10		18
1997	58	9	10	12	10		17
1999	55	10	8	11	10		16
2001	56	10	10	12	9		15
2003	58	10	10	11	10		17
2005	51	8	9	12	7	6	9
2007	29	6	6	7	4	1	5
2009	35	6	8	5	5	4	7

1-2 现有院士人数按学部分布(2009 年)

Present CAS Members, by Academic Division: 2009

单位：人 (person)

	合计 Total	数学物理学部 Division of Mathematics and Physics	化学部 Division of Chemistry	生命科学和医学学部 Division of Life Sciences and Medicine	地学部 Division of Earth Sciences	信息技术科学部 Division of Information Technical Sciences	技术科学部 Division of Technological Sciences
总 计 Total	**714**	**137**	**125**	**126**	**116**	**83**	**127**
其中：女性 Of which: Female	45	9	9	14	6	3	4
中国科学院 CAS	288	68	52	62	53	30	23
高等院校 Institutions of higher education	296	52	63	49	32	35	65
其他单位 Other institutions	130	17	10	15	31	18	39

注：1.另有 51 位中国科学院外籍院士。

Note: In addition, CAS has 51 foreign members.

2. 2004 年 6 月，生物学部更名为生命科学和医学学部，技术科学部划分为信息技术科学部、技术科学部。

In June 2004, Division of Biological Sciences changed its name into Division of Life Sciences and Medicine, while, Division of Technological Sciences was divided into Division of Information Technical Sciences and Division of Technological Sciences.

1-3 中国科学院院士年龄情况(2009 年)

Age Distribution of CAS Members: 2009

单位：人 (person)

	合计 Total	40~49 岁	50~59 岁	60~69 岁	70~79 岁	80~89 岁	90 岁以上
总 计 Total	**714**	**24**	**62**	**99**	**298**	**157**	**74**
数学物理学部 Division of Mathematics and Physics	137	4	8	21	65	27	12
化学部 Division of Chemistry	125	7	20	14	36	33	15
生命科学和医学学部 Division of Life Sciences and Medicine	126	5	17	22	41	29	12
地学部 Division of Earth Sciences	116		9	20	56	18	13
信息技术科学部 Division of Information Technical Sciences	83	3	4	7	46	14	9
技术科学部 Division of Technological Sciences	127	5	4	15	54	36	13

1-4 中国科学院学部咨询报告
Consultation Reports Submitted by CAS Academic Divisions

年 份 Year	咨询报告和院士建议 Consultation reports and suggestions (篇) (Article)	学术和科普报告会 Academic and popular science meetings (场) (Time)
2000	29	16
2001	80	12
2002	21	27
2003	39	25
2004	49	93
2005	17	91
2006	34	115
2007	22	65
2008	40	49
2009	34	80

注：学部咨询报告和院士建议是根据国家需求，由学部组织或院士个人对国家重大科学技术问题提出的咨询意见和建议。

Note: The consultation reports and suggestions submitted by CAS Academic Divisions or its individual members are, in accordance with the nation's demands, on the national major science and technology issues.

二、机　构

ORGANIZATIONS

2-1 院直属单位发展情况

Development of Units Directly under CAS

单位：个 (unit)

年份 Year	院直属事业单位 Institutions directly under CAS	科研机构 Research units	院直接投资的控股企业 CAS invested holding enterprises
1949	25	22	
1952	36	31	
1957	97	67	
1962	117	99	
1966	135	106	
1975	80	63	
1980	156	117	
1985	157	122	
1990	159	123	
1994	159	123	5
1995	161	124	5
1996	158	123	8
1997	157	123	10
1998	155	121	10
1999	149	115	8
2000	145	112	8
2001	120	94	18
2002	112	85	23
2003	116	89	23
2004	116	89	21
2005	115	90	21
2006	116	91	22
2007	116	91	24
2008	113	92	24
2009	117	97	24

2-2 院直属事业单位(2009 年)
Institutions Directly under CAS: 2009

序号 No.	单位名称 Unit	序号 No.	单位名称 Unit
	合计: 117 个 Total: 117 units	13	地理科学与资源研究所 Inst. of Geographic Sciences and Natural Resources Research
	北京市:44 个 Beijing: 44 units	14	青藏高原研究所 Inst. of Qinghai-Tibet Plateau
1	数学与系统科学研究院 Academy of Mathematics and Systems Science	15	地质与地球物理研究所 Inst. of Geology and Geophysics
2	物理研究所 Inst. of Physics	16	古脊椎动物与古人类研究所 Inst. of Vertebrate Paleontology and Paleoanthropology
3	声学研究所 Inst. of Acoustics	17	大气物理研究所 Inst. of Atmospheric Physics
4	理论物理研究所 Inst. of Theoretical Physics	18	遥感应用研究所 Inst. of Remote Sensing Application
5	理化技术研究所 Technical Inst. of Physics and Chemistry	19	植物研究所 Inst. of Botany
6	高能物理研究所 Inst. of High Energy Physics	20	动物研究所 Inst. of Zoology
7	国家天文台 National Astronomical Observatories of China	21	心理研究所 Inst. of Psychology
8	力学研究所 Inst. of Mechanics	22	微生物研究所 Inst. of Microbiology
9	化学研究所 Inst. of Chemistry	23	生物物理研究所 Inst. of Biophysics
10	生态环境研究中心 Research Center for Eco-Environmental Sciences	24	遗传与发育生物学研究所 Inst. of Genetics and Developmental Biology
11	国家纳米科学中心 National Center for Nano Science and Technology of China	25	北京基因组研究所 Beijing Inst. of Genomics
12	过程工程研究所 Inst. of Process Engineering	26	计算技术研究所 Inst. of Computing Technology

续表 2-2

序号 No.	单位名称 Unit	序号 No.	单位名称 Unit
27	计算机网络信息中心 Computer Network Information Center	44	科学时报社 Science Times
28	软件研究所 Inst. of Software		山西省: 1 个 Shanxi Province: 1 unit
29	半导体研究所 Inst. of Semiconductors	45	山西煤炭化学研究所 Shanxi Inst. of Coal Chemistry
30	微电子研究所 Inst. of Microelectronics		辽宁省: 5 个 Liaoning Province: 5 units
31	电子学研究所 Inst. of Electronics	46	大连化学物理研究所 Dalian Inst. of Chemical Physics
32	光电研究院 Institutes of Optoelectronics	47	沈阳应用生态研究所 Shenyang Inst. of Applied Ecology
33	电工研究所 Inst. of Electrical Engineering	48	沈阳自动化研究所 Shenyang Inst. of Automation
34	工程热物理研究所 Inst. of Engineering Thermophysics	49	金属研究所 Inst. of Metals Research
35	空间科学与应用研究中心 Center for Space Science and Applied Research	50	沈阳分院 Shenyang Branch
36	自动化研究所 Inst. of Automation		吉林省: 4 个 Jilin Province: 4 units
37	对地观测与数字地球科学中心 Center for Earth Observation and Digital Earth	51	长春应用化学研究所 Changchun Inst. of Applied Chemistry
38	自然科学史研究所 Inst. of History of Natural Sciences	52	东北地理与农业生态研究所 Northeast Inst. of Geography and Agricultural Ecology
39	科技政策与管理科学研究所 Inst. of Policy and Management	53	长春光学精密机械与物理研究所 Changchun Inst. of Optics，Fine Mechanics and Physics
40	中国科学院机关 CAS Head Office	54	长春分院 Changchun Branch
41	行政管理局 Bureau of Administration and Logistics		上海市: 10 个 Shanghai: 10 units
42	中国科学院研究生院 Graduate University of Chinese Academy of Sciences	55	上海应用物理研究所 Shanghai Inst. of Applied Physics
43	国家科学图书馆(筹) National Science Library	56	上海天文台 Shanghai Observatory

续表 2-2

序号 No.	单位名称 Unit	序号 No.	单位名称 Unit
57	上海硅酸盐研究所 Shanghai Inst. of Ceramics	71	南京分院 Nanjing Branch
58	上海有机化学研究所 Shanghai Inst. of Organic Chemistry		安徽省: 2 个 Anhui Province: 2 units
59	上海生命科学研究院 Shanghai Institutes for Biological Sciences	72	合肥物质科学研究院 Hefei Institutes of Physical Sciences
60	上海微系统与信息技术研究所 Shanghai Inst. of Microsystem and Information Technology	73	中国科学技术大学 University of Science and Technology of China
61	上海光学精密机械研究所 Shanghai Inst. of Optics and Fine Mechanics		福建省: 2 个 Fujian Province: 2 units
62	上海技术物理研究所 Shanghai Inst. of Technical Physics	74	福建物质结构研究所 Fujian Inst. of Research on the Structure of Matter
63	上海药物研究所 Shanghai Inst. of Materia Medica	75	城市环境研究所 Inst. of Urban Environment
64	上海分院 Shanghai Branch		江西省: 1 个 Jiangxi Province: 1 unit
	浙江省: 1 个 Zhejiang Province: 1 unit	76	庐山疗养院 Lushan Sanatorium
65	宁波材料技术与工程研究所 Ningbo Inst. of Material Technology and Engineering		山东省: 4 个 Shandong Province: 4 units
	江苏省: 6 个 Jiangsu Province: 6 units	77	海洋研究所 Inst. of Oceanology
66	紫金山天文台 Purple Mountain Observatory	78	青岛疗养院 Qingdao Sanatorium
67	南京地理与湖泊研究所 Nanjing Inst. of Geography and Limnology	79	青岛生物能源与过程研究所 Qingdao Inst. of Bioenergy and Bioprocess Technology
68	南京地质古生物研究所 Nanjing Inst. of Geology and Palaeontology	80	烟台海岸带研究所 Yantai Inst. of Coastal Zone Research
69	南京土壤研究所 Nanjing Inst. of Soil Science		湖北省: 7 个 Hubei Province: 7 units
70	苏州纳米技术与纳米仿生研究所 Suzhou Inst. of Nano-tech and Nano-bionics	81	武汉物理与数学研究所 Wuhan Inst. of Physics and Mathematics

续表 2-2

序号 No.	单位名称 Unit	序号 No.	单位名称 Unit
82	武汉岩土力学研究所 Wuhan Inst. of Rock and Soil Mechanics		四川省: 4 个 Sichuan Province: 4 units
83	测量与地球物理研究所 Inst. of Geodesy and Geophysics	96	成都山地灾害与环境研究所 Chengdu Inst. of Mountain Hazards and Environment
84	武汉植物园 Wuhan Botanical Garden	97	成都生物研究所 Chengdu Inst. of Biology
85	水生生物研究所 Inst. of Hydrobiology	98	光电技术研究所 Inst. of Optics and Electronics
86	武汉病毒研究所 Wuhan Inst. of Virology	99	成都分院 Chengdu Branch
87	武汉分院 Wuhan Branch		贵州省: 1 个 Guizhou Province: 1 unit
	湖南省:1 个 Hunan Province:1 unit	100	地球化学研究所 Inst. of Geochemistry
88	亚热带农业生态研究所 Inst. of Subtropical Agriculture		云南省: 4 个 Yunnan Province: 4 units
	广东省:7 个 Guangdong Province: 7 units	101	昆明植物研究所 Kunming Inst. of Botany
89	广州地球化学研究所 Guangzhou Inst. of Geochemistry	102	西双版纳热带植物园 Xishuangbanna Tropical Botanical Garden
90	南海海洋研究所 South China Sea Inst. of Oceanology	103	昆明动物研究所 Kunming Inst. of Zoology
91	华南植物园 South China Botanical Garden	104	昆明分院 Kunming Branch
92	广州能源研究所 Guangzhou Inst. of Energy Conversion		陕西省: 4 个 Shaanxi Province: 4 units
93	广州生物医药与健康研究院 Guangzhou Institutes of Biomedicine and Health	105	国家授时中心 National Time Service Center
94	深圳先进技术研究院 Shenzhen Institutes of Advanced Technology	106	西安光学精密机械研究所 Xi'an Inst. of Optics and Precision Mechanics
95	广州分院 Guangzhou Branch	107	地球环境研究所 Inst. of Earth Environment

续表 2-2

序号 No.	单 位 名 称 Unit	序号 No.	单 位 名 称 Unit
108	西安分院 Xi'an Branch	113	青海盐湖研究所 Qinghai Inst. of Saline Lakes
	甘肃省: 4 个 Gansu Province: 4 units	114	西北高原生物研究所 Northwest Inst. of Plateau Biology
109	近代物理研究所 Inst. of Modern Physics		新疆维吾尔自治区: 3 个 Xinjiang Uygur Autonomous Region: 3 units
110	兰州化学物理研究所 Lanzhou Inst. of Chemical Physics	115	新疆理化技术研究所 Xinjiang Technical Inst. of Physics and Chemistry
111	寒区旱区环境与工程研究所 Cold and Arid Regions Environmental and Engineering Research Inst.	116	新疆生态与地理研究所 Xinjiang Inst. of Ecology and Geography
112	兰州分院 Lanzhou Branch	117	新疆分院 Xinjiang Branch
	青海省: 2 个 Qinghai Province: 2 units		

注: Inst.—Institute. R&D—Research and Development.

机构变动说明:

1. 2009 年 6 月，经中央机构编制委员会办公室批准撤销科学出版社事业单位建制。
2. 2009 年 7 月，经中央机构编制委员会办公室批准成立青岛生物能源与过程研究所、烟台海岸带研究所、苏州纳米技术与纳米仿生研究所、城市环境研究所、深圳先进技术研究院。

Explanation of organization changes:

1. According to the approval by the State Commission Office for Public Sector Reform in June 2009, Science Press's affiliation to CAS was terminated.
2. According to the approval by the State Commission Office for Public Sector Reform in July 2009, Qingdao Inst. of Bioenergy and Bioprocess Technology, Yantai Inst. of Coastal Zone Research, Suzhou Inst. of Nano-tech and Nano-bionics, Inst. of Urban Environment and Shenzhen Institutes of Advanced Technology were set up as research institutes under CAS.

2-3 院直接投资的控股企业(2009 年)
CAS Invested Holding Enterprises: 2009

序号 No.	单位名称 Unit
	合计: 24 个 Total: 24 units
	北京市: 14 个 Beijing: 14 units
1	中国科学院国有资产经营有限责任公司 CAS Holdings Co., Ltd.
2	中科实业集团(控股)有限公司 China Sciences Holdings Co., Ltd.
3	联想控股有限公司 Legend Holdings Co., Ltd.
4	东方科学仪器进出口集团有限公司 Oriental Scientific Instrument Import & Export Group Co., Ltd.
5	中国科技产业投资管理有限公司 China S&T Industry Investment Management Co.,Ltd.
6	国科光电科技有限责任公司 Guoke Photoelectric Science and Technology Co., Ltd.
7	北京中科院软件中心有限公司 CAS Beijing Software Co., Ltd.
8	中科建筑设计研究院有限责任公司 CAS Architectural Design Institute Co., Ltd.
9	北京中科资源有限公司 CAS Beijing Resources Co., Ltd.
10	北京中科印刷有限公司 CAS Beijing Printing Co., Ltd.
11	中科院科技服务有限公司 CAS S&T Service Co., Ltd.
12	中国科学出版集团有限责任公司 CAS Science Press Group Co., Ltd.
13	北京中科科仪技术发展有限责任公司 KYKY Technology Development Ltd.

序号 No.	单 位 名 称 Unit
14	北京博思园客座公寓有限公司 Beijing BO SI YUAN Guest House Co., Ltd.
	上海市：1 个 Shanghai：1 unit
15	上海碧科清洁能源技术有限公司 Shanghai Bi Ke Clean Energy Technology Co., Ltd.
	辽宁省:2 个 Liaoning Province : 2 units
16	中国科学院沈阳计算技术研究所有限公司 CAS Shenyang Institute of Computing Technology Co., Ltd.
17	中国科学院沈阳科学仪器研制中心有限公司 CAS Shenyang Scientific Instrument Development Co., Ltd.
	江苏省:1 个 Jiangsu Province: 1 unit
18	南京中科天文仪器有限公司 CAS Nanjing Astronomic Instrument Co., Ltd.
	四川省:3 个 Sichuan Province: 3 units
19	中国科学院成都有机化学有限公司 CAS Chengdu Organic Chemistry Co., Ltd.
20	中科院成都信息技术有限公司 CAS Chengdu Information Technology Co., Ltd.
21	成都中科唯实仪器有限责任公司 CAS Chengdu Weishi Instrument Co., Ltd.
	广东省: 3 个 Guangdong Province: 3 units
22	中科院广州化学有限公司 CAS Guangzhou Chemistry Co., Ltd.
23	中科院广州电子技术有限公司 CAS Guangzhou Electronics Technology Co., Ltd.
24	深圳中科院知识产权投资有限公司 CAS Shenzhen Intellectual Property Investment Co., Ltd.

主要统计指标解释

1. 院直属单位

院直属单位指经国家正式批准的院直属独立核算单位。独立核算单位的条件是：行政上是具有独立法人资格的单位；财务上独立核算盈亏，独立编制资金平衡表或财务预算、决算表；有权与其他单位签订合同。

2. 事业单位

事业单位指以社会公益为目的，利用国有资产从事科研、服务、教育等活动的院直属具有法人资格的组织。

3. 企业单位

企业单位指院直属从事商品生产、流通、经营和服务性经济活动，以营利为目的并在工商行政管理部门登记的独立核算单位。

Explanatory Notes on Key Indicators

1. Units directly under CAS

This refers to the independent accounting units directly under the jurisdiction of the CAS, which are established on the formal approval of the State. Independent accounting units should enjoy corporate status, assume sole responsibility for their profits or losses, compile independently their financial balance sheets or financial budgets and final accounts, have the right to sign contracts with other organizations and establish their own bank accounts.

2. Institutions

This refers to those units of corporate capacity under CAS, aiming at improving the social welfare, and utilizing the state-owned assets and resources to engage in activities such as scientific research, services, and education.

3. Enterprises

This refers to CAS independent accounting units, which are engaged in the commodity production, circulation and business activities as well as service activities with the aim of making profits and are registered in industrial and commercial administrative departments.

三、人　员

PERSONNEL

3-1 事业单位在职职工分类情况
Classification of CAS Regular Staff

单位：人 (person)

年 份 Year	总 计 Total	其中：女性 Of which: Female	干部 Cadres 合 计 Total	专业技术人员 Professional and technical staff 小 计 Subtotal	高 级 Senior	中 级 Middle level	初级及未定 Junior and others	行政管理人员 Administrative staff	工 人 Workers
1949	575		416	345	122	112	82	71	159
1950	1063		789	562	165	206	141	227	274
1951	1494		1105	811	220	290	228	294	389
1952	5239		3014	1967	351	405	754	1047	2225
1953	7262		4382	2776	391	470	1309	1606	2880
1954	7043		4745	3296	413	493	1560	1449	2298
1955	7978		5817	4152	488	536	1953	1665	2161
1956	14209		11336	8476	731	815	3735	2860	2873
1957	17294		13347	10566	753	931	4750	2781	3947
1958	34049		21558	14979	752	938	5770	6579	12491
1959	45769		32421	20022	680	847	7103	12399	13348
1960	57976		37505	23898	736	1137	9316	13607	20471
1961	40957		28586	19128	590	1219	9794	9458	12371
1962	42143		32285	23179	623	2113	13198	9106	9858
1963	46198		35355	25264	640	2354	14866	10091	10843
1964	52775		39969	28822	696	2719	16634	11147	12806
1965	60258		44341	30835	688	2874	18375	13506	15917
1966	61681		44900	31109	693	2973	18644	13791	16781
1973	35157		24911	16407	414	1768	11289	8504	10246
1974	36635		25944	17242	408	1764	11907	8702	10691
1975	48716		33134	20749	505	1874	14675	12385	15582
1976	51824		34736	19915	429	1903	15496	14821	17088
1977	54756		36811	20592	413	1894	17357	16219	17945
1978	79755		52045	38189	1261	10380	19253	13856	27710
1979	83488	28544	55076	43058	2238	21411	19409	12018	28412
1980	84497	28897	55813	44098	2737	22795	18566	11715	28684
1981	76644	26319	50026	40239	2724	22016	15499	9787	26618
1982	78109	26728	52092	42931	3076	25267	14588	9161	26017
1983	78439	26786	52610	44295	3283	26014	14998	8315	25829
1984	80792	27615	54099	44850	3204	25526	16120	9249	26693
1985	81501	27946	55201	46056	3491	25194	17371	9145	26300

续表 3-1

年份 Year	总计 Total	其中：女性 Of which: Female	干部 Cadres 合计 Total	专业技术人员 Professional and technical staff 小计 Subtotal	高级 Senior	中级 Middle level	初级及未定 Junior and others	行政管理人员 Adminis-trative staff	工人 Workers
1986	82326	28484	57363	49865	8358	22716	18791	7498	24963
1987	82721	28624	59667	52628	10638	23138	18852	7039	23054
1988	83969	29248	62328	55910	12010	24413	19487	6418	21641
1989	84287	29157	63499	57550	13280	24328	19942	5949	20788
1990	84848	29031	64554	59028	14574	25043	19411	5526	20294
1991	84909	29088	65179	59800	14810	24621	20369	5379	19730
1992	83909	28638	64592	59387	15612	24714	19061	5205	19317
1993	81456	27645	62930	57878	16735	24468	16675	5052	18526
1994	78295	26462	60443	55565	17267	23649	14649	4878	17852
1995	75039	25314	58021	52992	17774	22446	12772	5029	17018
1996	71763	24224	55523	47789	16712	19842	11235	7734	16240
1997	68292	23073	52721	45124	16618	18397	10109	7597	15571
1998	65003	21980	49983	42693	16031	17169	9493	7290	15020
1999	61681	20612	47264	40175	15031	15992	9152	7089	14417
2000	58683	19472	44991	38319	14542	15135	8642	6672	13692
2001	54972	18027	42601	36343	14091	13991	8261	6258	12371
2002	45561	14859	35973	30596	13081	11429	6086	5377	9588
2003	43760	14250	34673	29387	12736	10771	5880	5286	9087
2004	43162	13918	34611	29474	13058	10852	5564	5137	8551
2005	43140	13770	34923	29932	13119	11180	5633	4991	8217
2006	43446	13812	35791	30677	13532	11601	5544	5114	7655
2007	43817	13907	36648	31479	13639	12298	5542	5169	7169
2008	50340	16381	43082	37623	14772	13903	8948	5459	7258
2009	54574	17771	47486	41992	16271	15514	10207	5494	7088

注: 1. 1949~1978 年专业技术人员中，高级、中级、初级仅包括科研人员和高校教学人员，因此专业技术人员小计>高级+中级+初级。

Note: The data of senior, middle level and junior in the category of professional and technical staff from 1949 to 1978 only include research and technical people and teaching staff in the universities. Therefore, the total number of professional and technical staff is more than that of the senior, middle and junior level.

2. 1967~1972 年全院职工分类无统计数据。女性职工 1949~1978 年无统计数据。

The statistical data for female staff from 1949 to 1978 and that for the total CAS staff from 1967 to 1972 are not available.

3. 自 2002 年起，在职职工人数的统计范围仅指院属事业单位在编职工。

Since 2002, the number of regular staff only refers to all the regular staff of CAS institutions.

4. 自 2008 年起，事业单位在职职工人数的统计范围是指院属事业单位在编职工和项目聘用人员。

Since 2008, the number of regular staff includes both the regular staff of all CAS institutions and the staff by project contract.

3-2 事业单位在职职工及

CAS Regular Staff and

单位：人

系统及单位 System and unit	在职职工 总 计 Regular staff total	其中: 女性 Of which: Female
总计 **Total**	**54574**	**17771**
一、按系统分 By system		
(一) 科研机构 Research units	46959	15049
数学、物理 Mathematics & physics	9697	2717
化学与化工 Chemistry & chemical engineering	6567	2216
地学 Earth sciences	6194	1838
生物学 Biological sciences	9122	3903
技术科学 Technological sciences	15177	4300
其他 Others	202	75
(二) 学校及公共支撑机构 Universities and public supporting organizations	6035	2195
技术支撑 Supporting organizations	540	195
学校 Universities	3687	1177
文献情报、新闻出版 Documentation,information & publication	742	375
服务与福利 Service & welfare	1066	448
(三) 管理机构 Management organizations	1580	527
中国科学院本部 CAS Headquarters	534	163
地区管理部门 CAS Branches	1046	364

离退休人员情况(2009 年)

Retired Personnel: 2009

(person)

干部 Cadres							工人 Workers	离、退休人员总数 Total retired personnel
合计 Total	专业技术人员 Professional and technical staff					行政管理人员 Adminis-trative staff		
	小计 Subtotal	高级 Senior	其中：正高级 Of which: Full professorship	中级 Middle level	初级及未定 Junior and others			
47486	**41992**	**16271**	**6284**	**15514**	**10207**	**5494**	**7088**	**43571**
41293	37317	14366	5580	13674	9277	3976	5666	38156
8301	7401	3049	1257	2686	1666	900	1396	8251
5832	5397	2182	745	1943	1272	435	735	5810
5675	4917	2351	987	1778	788	758	519	4754
8287	7350	2622	1164	2755	1973	937	835	6490
12999	12084	4064	1386	4451	3569	915	2178	12735
199	168	98	41	61	9	31	3	116
4869	4207	1703	633	1645	859	662	1166	3464
538	517	76	12	242	199	21	2	43
3141	2726	1421	566	1009	296	415	546	2186
709	627	190	55	331	106	82	33	442
481	337	16		63	258	144	585	793
1324	468	202	71	195	71	856	256	1951
511	109	85	42	22	2	402	23	675
813	359	117	29	173	69	454	233	1276

系统及单位 System and unit	在职职工 总　计 Regular staff total	其中: 女性 Of which: Female
二、按单位分 By unit		
北京市 Beijing	20166	7267
数学与系统科学研究院 Academy of Mathematics and Systems Science	338	97
物理研究所 Inst. of Physics	465	143
声学研究所 Inst. of Acoustics	710	194
理论物理研究所 Inst. of Theoretical Physics	56	16
理化技术研究所 Technical Inst. of Physics and Chemistry	417	140
高能物理研究所 Inst. of High Energy Physics	1194	421
国家天文台 National Astronomical Observatories of China	943	253
力学研究所 Inst. of Mechanics	393	102
化学研究所 Inst. of Chemistry	555	245
生态环境研究中心 Research Center for Eco-Environmental Sciences	394	153
国家纳米科学中心 National Center for Nano Science and Technology of China	122	59
过程工程研究所 Inst. of Process Engineering	436	165
地理科学与资源研究所 Inst. of Geographic Sciences and Natural Resources Research	767	263
遥感应用研究所 Inst. of Remote Sensing Application	262	85
地质与地球物理研究所 Inst. of Geology and Geophysics	576	147
青藏高原研究所 Inst. of Qinghai-Tibet Plateau	137	36
古脊椎动物与古人类研究所 Inst. of Vertebrate Paleontology and Paleoanthropology	134	46

续表 3-2

干部 Cadres							工人 Workers	离、退休人员总数 Total retired personnel
合计 Total	专业技术人员 Professional and technical staff					行政管理人员 Administrative staff		
	小计 Subtotal	高级 Senior	其中：正高级 Of which: Full professorship	中级 Middle level	初级及未定 Junior and others			
18129	15863	6391	2468	5947	3525	2266	2037	15813
323	258	172	110	77	9	65	15	303
408	361	260	132	59	42	47	57	509
664	610	209	78	259	142	54	46	571
55	45	33	26	4	8	10	1	39
376	330	162	68	132	36	46	41	391
998	887	376	145	336	175	111	196	1106
819	730	275	114	242	213	89	124	549
357	319	188	64	109	22	38	36	494
527	499	268	89	148	83	28	28	547
382	356	140	50	152	64	26	12	324
122	112	49	22	36	27	10		
411	380	136	31	144	100	31	25	342
725	667	287	120	166	214	58	42	534
248	220	82	35	93	45	28	14	102
512	426	249	120	140	37	86	64	583
126	108	57	24	25	26	18	11	
133	107	63	25	26	18	26	1	142

系统及单位 System and unit	在职职工 总　计 Regular staff total	其中: 女性 Of which: Female
大气物理研究所 Inst. of Atmospheric Physics	382	139
植物研究所 Inst. of Botany	615	276
动物研究所 Inst. of Zoology	359	167
心理研究所 Inst. of Psychology	153	87
微生物研究所 Inst. of Microbiology	388	210
生物物理研究所 Inst. of Biophysics	419	213
遗传与发育生物学研究所 Inst. of Genetics and Developmental Biology	565	240
北京基因组研究所 Beijing Inst. of Genomics	219	113
计算技术研究所 Inst. of Computing Technology	704	222
软件研究所 Inst. of Software	575	205
半导体研究所 Inst. of Semiconductors	582	196
微电子研究所 Inst. of Microelectronics	599	199
电子学研究所 Inst. of Electronics	895	288
光电研究院 Institutes of Optoelectronics	309	167
自动化研究所 Inst. of Automation	704	160
电工研究所 Inst. of Electrical Engineering	356	104
工程热物理研究所 Inst. of Engineering Thermophysics	228	52
空间科学与应用研究中心 Center for Space Science and Applied Research	531	179
对地观测与数字地球科学中心 Center for Earth Observation and Digital Earth	269	75

续表 3-2

干部 Cadres							工人 Workers	离、退休人员总数 Total retired personnel
合计 Total	专业技术人员 Professional and technical staff					行政管理人员 Administrative staff		
	小计 Subtotal	高级 Senior	其中：正高级 Of which: Full professorship	中级 Middle level	初级及未定 Junior and others			
356	328	154	60	155	19	28	26	300
557	509	193	69	265	51	48	58	493
340	304	145	68	126	33	36	19	357
150	129	64	26	59	6	21	3	101
360	327	125	56	128	74	33	28	320
400	337	139	68	159	39	63	19	470
534	460	170	70	209	81	74	31	444
206	187	38	20	77	72	19	13	
650	617	251	56	291	75	33	54	945
556	502	139	54	166	197	54	19	207
493	451	170	78	172	109	42	89	619
495	456	131	43	173	152	39	104	552
837	804	236	72	299	269	33	58	744
299	279	127	37	101	51	20	10	6
678	649	161	59	212	276	29	26	296
322	296	106	35	129	61	26	34	366
222	195	73	24	88	34	27	6	129
511	471	199	45	191	81	40	20	474
257	235	79	30	95	61	22	12	72

系统及单位 System and unit	在职职工 总　计 Regular staff total	其中: 女性 Of which: Female
自然科学史研究所 Inst. of History of Natural Sciences	88	33
科技政策与管理科学研究所 Inst. of Science Policy and Management	114	42
中国科学院研究生院 Graduate University of Chinese Academy of Sciences	654	287
计算机网络信息中心 Computer Network Information Center	540	195
国家科学图书馆(筹) National Science Library	292	179
科学时报社 Science Times	168	77
行政管理局 Bureau of Administration and Logistics	1025	434
中国科学院本部 CAS Headquarters	534	163
山西省 Shanxi Province	544	165
山西煤炭化学研究所 Shanxi Inst. of Coal Chemistry	544	165
辽宁省、山东省 Liaoning and Shandong Provinces	4347	1191
大连化学物理研究所 Dalian Inst. of Chemical Physics	1037	337
沈阳应用生态研究所 Shenyang Inst. of Applied Ecology	389	149
沈阳自动化研究所 Shenyang Inst. of Automation	749	99
金属研究所 Inst. of Metals Research	1145	311
海洋研究所 Inst. of Oceanology	588	159
青岛生物能源与过程研究所 Qingdao Inst. of Bioenergy and Bioprocess Technology	226	62
烟台海岸带研究所 Yantai Inst. of Coastal Zone Research	151	55

续表 3-2

干部 Cadres							工人 Workers	离、退休人员总数 Total retired personnel
合计 Total	专业技术人员 Professional and technical staff					行政管理人员 Adminis-trative staff		
	小计 Subtotal	高级 Senior	其中: 正高级 Of which: Full professorship	中级 Middle level	初级及未定 Junior and others			
85	74	38	17	29	7	11	3	73
114	94	60	24	32	2	20		43
563	395	288	117	94	13	168	91	515
538	517	76	12	242	199	21	2	43
274	246	90	30	118	38	28	18	259
168	143	32	3	105	6	25		3
467	334	16		62	256	133	558	771
511	109	85	42	22	2	402	23	675
423	381	139	45	152	90	42	121	455
423	381	139	45	152	90	42	121	455
3741	3396	1307	452	1342	747	345	606	3201
931	862	346	107	338	178	69	106	818
353	312	140	47	120	52	41	36	345
624	580	219	76	244	117	44	125	473
916	850	332	111	314	204	66	229	820
500	431	175	73	190	66	69	88	661
220	202	44	19	70	88	18	6	
148	134	39	14	57	38	14	3	

系统及单位 System and unit	在职职工 总　计 Regular staff total	其中: 女性 Of which: Female
青岛疗养院 Qingdao Sanatorium	9	4
沈阳分院 Shenyang Branch	53	15
吉林省 Jilin Province	3366	852
长春应用化学研究所 Changchun Inst. of Applied Chemistry	838	229
东北地理与农业生态研究所 Northeast Inst. of Geography and Agricultural Ecology	307	82
长春光学精密仪器与物理研究所 Changchun Inst. of Optics, Fine Mechanics and Physics	2174	523
长春分院 Changchun Branch	47	18
上海市、福建省、浙江省 Shanghai, Fujian Province and Zhejiang Province	7869	2733
上海应用物理研究所 Shanghai Inst. of Applied Physics	784	215
上海天文台 Shanghai Observatory	216	60
上海硅酸盐研究所 Shanghai Inst. of Ceramics	671	201
上海有机化学研究所 Shanghai Inst. of Organic Chemistry	492	185
上海药物研究所 Shanghai Inst. of Materia Medica	536	265
上海生命科学院 Shanghai Institutes for Biological Sciences	1843	853
上海微系统与信息技术研究所 Shanghai Inst. of Microsystem and Information Technology	778	225
上海光学精密机械研究所 Shanghai Inst. of Optics and Fine Mechanics	790	217
上海技术物理研究所 Shanghai Inst. of Technical Physics	756	219
福建物质结构研究所 Fujian Inst. of Research on the Structure of Matter	433	133

续表 3-2

干部 Cadres							工人 Workers	离、退休人员总数 Total retired personnel
合计 Total	专业技术人员 Professional and technical staff					行政管理人员 Adminis-trative staff		
	小计 Subtotal	高级 Senior	其中：正高级 Of which: Full professorship	中级 Middle level	初级及未定 Junior and others			
2	1			1		1	7	
47	24	12	5	8	4	23	6	84
2817	2644	1010	338	1029	605	173	549	3933
711	656	306	100	249	101	55	127	825
263	218	104	48	92	22	45	44	225
1802	1747	591	189	681	475	55	372	2833
41	23	9	1	7	7	18	6	50
6790	6133	2072	886	2073	1988	657	1079	7045
632	598	195	66	247	156	34	152	784
195	169	77	41	48	44	26	21	259
538	493	223	71	200	70	45	133	648
426	401	140	53	154	107	25	66	851
498	461	158	79	151	152	37	38	349
1662	1490	462	237	462	566	172	181	1375
641	594	129	56	187	278	47	137	766
604	548	218	72	194	136	56	186	841
683	623	248	96	182	193	60	73	624
406	376	93	50	134	149	30	27	335

系统及单位 System and unit	在职职工 总　计 Regular staff total	其中: 女性 Of which: Female
宁波材料技术与工程研究所 Ningbo Inst. of Material Technology and Engineering	253	84
城市环境研究所 Inst. of Urban Environment	110	25
上海分院 Shanghai Branch	207	51
江苏省 Jiangsu Province	1287	357
紫金山天文台 Purple Mountain Observatory	289	71
南京地理与湖泊研究所 Nanjing Inst. of Geography and Limnology	212	63
南京地质古生物研究所 Nanjing Inst. of Geology and Palaeontology	157	41
南京土壤研究所 Nanjing Inst. of Soil Science	292	83
苏州纳米技术与纳米仿生研究所 Suzhou Inst. of Nano-tech and Nano-bionics	308	90
南京分院 Nanjing Branch	29	9
安徽省 Anhui Province	4739	1320
合肥物质科学研究院 Hefei Institutes of Physical Sciences	1706	430
中国科学技术大学 University of Science and Technology of China	3033	890
江西省 Jiangxi Province	32	10
庐山疗养院 Lushan Sanatorium	32	10
湖北省 Hubei Province	1838	549
武汉物理与数学研究所 Wuhan Inst. of Physics and Mathematics	344	92
武汉岩土力学研究所 Wuhan Inst. of Rock and Soil Mechanics	433	87

续表 3-2

干部 Cadres							工人 Workers	离、退休人员总数 Total retired personnel
合计 Total	专业技术人员 Professional and technical staff					行政管理人员 Administrative staff		
	小计 Subtotal	高级 Senior	其中：正高级 Of which: Full professorship	中级 Middle level	初级及未定 Junior and others			
246	217	74	43	44	99	29	7	
110	92	35	18	35	22	18		
149	71	20	4	35	16	78	58	213
1207	1098	478	194	354	266	109	80	992
261	229	89	46	76	64	32	28	253
198	180	102	32	61	17	18	14	166
147	132	84	41	41	7	15	10	212
266	241	109	42	107	25	25	26	317
308	308	89	30	69	150			
27	8	5	3		3	19	2	44
4038	3652	1600	626	1433	619	386	701	2967
1460	1321	467	177	518	336	139	246	1296
2578	2331	1133	449	915	283	247	455	1671
12	2				2	10	20	22
12	2				2	10	20	22
1570	1315	523	203	478	314	255	268	1365
298	258	114	43	107	37	40	46	293
338	310	101	31	85	124	28	95	312

系统及单位 System and unit	在职职工 总　计 Regular staff total	其中: 女性 Of which: Female
测量与地球物理研究所 Inst. of Geodesy and Geophysics	126	36
武汉植物园 Wuhan Botanical Garden	257	100
水生生物研究所 Inst. of Hydrobiology	286	85
武汉病毒研究所 Wuhan Inst. of Virology	188	81
国家科学图书馆武汉分馆(筹) The Wuhan Branch of the National Science Library	94	30
武汉分院 Wuhan Branch	110	38
广东省、湖南省 Guangdong and Hunan Provinces	2370	797
广州地球化学研究所 Guangzhou Inst. of Geochemistry	296	87
南海海洋研究所 South China Sea Inst. of Oceanology	431	116
华南植物园 South China Botanical Garden	386	148
广州生物医药与健康研究院 Guangzhou Institutes of Biomedicine and Health	316	134
广州能源研究所 Guangzhou Inst. of Energy Conversion	296	110
亚热带农业生态研究所 Inst. of Subtropical Agriculture	131	46
深圳先进技术研究院 Shenzhen Institutes of Advanced Technology	468	142
广州分院 Guangzhou Branch	46	14
四川省 Sichuan Province	1977	605
成都山地灾害与环境研究所 Chengdu Inst. of Mountain Hazards and Environment	248	86

续表 3-2

干部 Cadres 合计 Total	专业技术人员 Professional and technical staff 小计 Subtotal	高级 Senior	其中：正高级 Of which: Full professorship	中级 Middle level	初级及未定 Junior and others	行政管理人员 Administrative staff	工人 Workers	离、退休人员总数 Total retired personnel
113	87	45	21	31	11	26	13	63
216	192	63	25	76	53	24	41	119
248	213	112	47	78	23	35	38	226
175	147	59	28	40	48	28	13	140
94	89	23	8	51	15	5		62
88	19	6		10	3	69	22	150
2160	1885	655	297	565	665	275	210	1268
284	231	153	57	74	4	53	12	305
385	341	144	65	135	62	44	46	383
307	264	103	43	91	70	43	79	319
291	261	36	24	59	166	30	25	
267	244	77	24	66	101	23	29	146
118	106	47	20	38	21	12	13	77
468	422	90	60	98	234	46		
40	16	5	4	4	7	24	6	38
1501	1264	446	151	518	300	237	476	1886
230	187	84	36	74	29	43	18	190

系统及单位 System and unit	在职职工 总　计 Regular staff total	其中: 女性 Of which: Female
成都生物研究所 Chengdu Inst. of Biology	330	131
光电技术研究所 Inst. of Optics and Electronics	1217	316
国家科学图书馆成都分馆(筹) The Chengdu Branch of the National Science Library	80	38
成都分院 Chengdu Branch	102	34
云南省、贵州省 Yunnan and Guizhou Provinces	1416	522
地球化学研究所 Inst. of Geochemistry	307	87
昆明植物研究所 Kunming Inst. of Botany	383	153
西双版纳热带植物园 Xishuangbanna Tropical Botanical Garden	327	118
昆明动物研究所 Kunming Inst. of Zoology	354	148
昆明分院 Kunming Branch	45	16
陕西省 Shaanxi Province	1391	356
地球环境研究所 Inst. of Earth Environment	83	18
西安光学精密机械研究所 Xi’an Inst. of Optics and Precision Mechanics	799	207
国家授时中心 National Time Service Center	464	119
西安分院 Xi’an Branch	45	12
甘肃省、青海省 Gansu and Qinghai Provinces	2439	736
近代物理研究所 Inst. of Modern Physics	622	142

续表 3-2

合 计 Total	干 部 Cadres						工 人 Workers	离、退休人员总数 Total retired personnel
	专业技术人员 Professional and technical staff					行政管理人员 Adminis-trative staff		
	小 计 Subtotal	高 级 Senior	其中：正高级 Of which: Full professorship	中 级 Middle level	初级及未定 Junior and others			
303	252	99	43	105	48	51	27	260
808	733	238	63	298	197	75	409	1180
78	65	20	6	23	22	13	2	49
82	27	5	3	18	4	55	20	207
1256	1065	378	156	369	318	191	160	952
279	228	129	49	76	23	51	28	255
358	320	107	44	129	84	38	25	255
274	226	64	25	82	80	48	53	227
306	285	73	35	81	131	21	48	149
39	6	5	3	1		33	6	66
1023	875	274	111	328	273	148	368	1079
83	77	35	21	21	21	6		13
620	571	176	63	226	169	49	179	642
279	212	53	24	77	82	67	185	389
41	15	10	3	4	1	26	4	35
2153	1859	754	286	680	425	294	286	2088
566	517	164	64	213	140	49	56	556

系统及单位 System and unit	在职职工 总　计 Regular staff total	其中: 女性 Of which: Female
兰州化学物理研究所 Lanzhou Inst. of Chemical Physics	534	188
寒区旱区环境与工程研究所 Cold and Arid Regions Environmental and Engineering Research Inst.	602	155
青海盐湖研究所 Qinghai Inst. of Saline Lakes	203	66
西北高原生物研究所 Northwest Inst. of Plateau Biology	160	41
国家科学图书馆兰州分馆(筹) The Lanzhou Branch of the National Science Library	108	51
兰州分院 Lanzhou Branch	210	93
新疆维吾尔自治区 Xinjiang Uygur Autonomous Region	793	311
新疆理化技术研究所 Xinjiang Technical Inst. of Physics and Chemistry	323	135
新疆生态与地理研究所 Xinjiang Inst. of Ecology and Geography	318	112
新疆分院 Xinjiang Branch	152	64

续表 3-2

干部 Cadres							工人 Workers	离、退休人员总数 Total retired personnel
合计 Total	专业技术人员 Professional and technical staff					行政管理人员 Administrative staff		
	小计 Subtotal	高级 Senior	其中：正高级 Of which: Full professorship	中级 Middle level	初级及未定 Junior and others			
470	424	192	70	123	109	46	64	397
542	468	212	88	167	89	74	60	447
177	149	61	27	44	44	28	26	268
145	125	72	29	43	10	20	15	147
95	84	25	8	34	25	11	13	69
158	92	28		56	8	66	52	204
666	560	244	71	246	70	106	127	505
272	247	114	28	97	36	25	51	147
293	255	118	40	119	18	38	25	173
101	58	12	3	30	16	43	51	185

3-3 事业单位在职职工年龄情况(2009 年)

Age Distribution of CAS Regular Staff: 2009

单位：人 (person)

	合 计 Total	30 岁及以下 Under 30	31~35 岁 31~35	36~40 岁 36~40	41~45 岁 41~45	46~50 岁 46~50	51~55 岁 51~55	其中：女性 Of which: Female	56~60 岁 56~60	60 岁以上 60 and above
在职职工总数 Total regular staff	**54574**	**13764**	**8674**	**6674**	**7988**	**7039**	**6290**	**1825**	**3562**	**583**
科研机构 Research units	46959	12539	7602	5692	6684	5896	5188	1517	2877	481
学校及公共支撑机构 Universities and public supporting organizations	6035	1091	920	818	1006	861	786	197	463	90
管理机构 Management organizations	1580	134	152	164	298	282	316	111	222	12
专业技术人员 Various kinds of professional staff	**41992**	**12596**	**7927**	**5467**	**5949**	**4546**	**3369**	**1241**	**1569**	**569**
科研机构 Research units	37317	11682	7106	4760	5120	3922	2901	1055	1354	472
学校及公共支撑机构 Universities and public supporting organizations	4207	873	756	642	723	545	388	145	191	89
管理机构 Management organizations	468	41	65	65	106	79	80	41	24	8
高级职称 Senior professionals	**16271**	**280**	**2433**	**3270**	**4024**	**2833**	**1843**	**517**	**1038**	**550**
科研机构 Research units	14366	249	2233	2969	3562	2455	1575	442	870	453
学校及公共支撑机构 Universities and public supporting organizations	1703	29	187	281	402	331	232	63	152	89
管理机构 Management organizations	202	2	13	20	60	47	36	12	16	8

续表 3-3

	合 计 Total	30 岁及以下 Under 30	31~35 岁 31~35	36~40 岁 36~40	41~45 岁 41~45	46~50 岁 46~50	51~55 岁 51~55	其中:女性 Of which: Female	56~60 岁 56~60	60 岁以上 60 and above
正高级 Full professorship	**6284**	**12**	**284**	**992**	**1965**	**1437**	**711**	**103**	**350**	**533**
科研机构 Research units	5580	11	258	919	1772	1271	609	88	303	437
学校及公共支撑机构 Universities and public supporting organizations	633	1	26	72	164	151	89	13	42	88
管理机构 Management organizations	71			1	29	15	13	2	5	8
中级职称 Middle level professionals	**15514**	**4684**	**4517**	**1764**	**1505**	**1312**	**1261**	**602**	**462**	**9**
科研机构 Research units	13674	4347	4028	1433	1196	1134	1102	517	425	9
学校及公共支撑机构 Universities and public supporting organizations	1645	322	451	296	270	153	124	64	29	
管理机构 Management organizations	195	15	38	35	39	25	35	21	8	

3-4 事业单位在职职工学位和学历情况(2009年)

CAS Regular Staff, by Academic Degree and Qualification: 2009

单位：人 (person)

	学位 Academic degrees			学历 Academic qualification				
	博士 Ph.D.	硕士 MS	学士 Bachelor	研究生 Post graduates	大学 University graduates	大专 Specialized higher school graduates	中专 Specialized secondary school graduates	其他 Others
总计 Total	**14424**	**10819**	**8658**	**25395**	**13326**	**6404**	**1481**	**7968**
科研机构 Research units	13161	9572	7234	22873	10850	5227	1150	6859
数学、物理 Mathematics & physics	2611	1637	1325	4245	2356	1180	245	1671
化学与化工 Chemistry & chemical engineering	2055	1207	1157	3280	1531	642	142	972
地学 Earth sciences	2397	825	791	3266	1249	771	126	782
生物学 Biological sciences	2853	1955	1381	4854	1973	911	246	1138
技术科学 Technological sciences	3153	3897	2558	7084	3704	1707	390	2292
其他 Others	92	51	22	144	37	16	1	4
学校及公共支撑机构 Universities and public supporting organizations	1107	1066	1146	2187	1879	866	271	832
管理机构 Management organizations	156	181	278	335	597	311	60	277

主要统计指标解释

1. 事业单位在职职工

指由本机构直接组织安排工作并支付工资的年末在册各类人员。不包括离退休人员。

2. 专业技术人员

指聘任了专业技术职务或专业技术职务见习期内的人员。

高级：指研究员、副研究员；教授、副教授；高级工程师；高级农艺师；正、副主任医(药、护、技)师；高级实验师；高级统计师；高级经济师；高级会计师；正、副编审；正、副译审；高级(主任)记者；正、副研究馆员等。

中级：指助理研究员；讲师；工程师；农艺师；主治医(药、护、技)师；实验师；统计师；经济师；会计师；编辑；翻译；记者；馆员等。

初级：指研究实习员；助教；助理工程师、技术员；助理农艺师、农业技术员；医(药、护、技)师、医(药、护、技)士；助理实验师、实验员；助理统计师、统计员；助理经济师；助理会计师、会计员；助理编辑、见习编辑；助理翻译；助理记者；助理馆员、管理员等。

3. 离、退休人员总数

指历年由本机构离、退休，并在本机构领取离、退休费的人员。

4. 学位和学历

指由人事部门或干部部门根据国家有关规定，填报的本机构职工总数中人员的学位和学历情况(均指获得的最高学位和最高学历)。

Explanatory Notes on Key Indicators

1. Regular staff

Regular staff refers to persons who are on the year-end payroll, working directly under the management of an institution or unit and receiving remuneration for their work. The retired are not included.

2. Professional and technical staff

This refers to those who have acquired professional or technical titles or who are in the probation period of those titles.

Senior: research fellow and associate research fellow, professor and associate professor, senior engineer, senior agronomist, chief (and associate chief) physician (pharmacist, nurse and technician), senior laboratorian, senior statistician, senior economist, senior accountant, senior editor and associate senior editor, translation editor and associate translation editor, senior journalist, senior librarian and associate librarian, and so on.

Middle level: research associate, lecturer, engineer, agronomist, physician (pharmacist, nurse and technician) in charge, laboratorian, statistician, economist, accountant, editor, translator, journalist, librarian, and so on.

Junior: research assistant, teaching assistant, assistant engineer, technician, assistant agronomist, agrotechnician, physician (pharmacist, nurse and technician), assistant laboratorian, laboratory technician, assistant physician (pharmacist, nurse and technician), assistant statistician, statistical clerk, assistant economist, assistant accountant, accounting clerk, assistant editor, intership,assistant translator, assistant journalist, library assistant, library clerk, and so on.

3. Total retired personnel

Total retired personnel refers to the total number of staff who retired from CAS and draw their pension from CAS.

4. Academic degrees and qualifications

This heading reflects the basic status of academic degrees and qualifications of the staff in a particular institution or unit, compiled by the personnel department according to relevant state regulations, and only the highest academic degrees and qualifications are recorded.

四、经 费

FUNDS

4-1 事业单位总收入、支出情况

Total Income and Expenditure of CAS Institutions

单位: 万元 (ten thousand yuan)

年 份 Year	总收入 Total income	比上年增长(%) Percentage of increase to that of last year	总支出 Total expenditure	比上年增长(%) Percentage of increase to that of last year
1986	89572	—	87591	13
1987	101817	13.7	93382	6.6
1988	126570	24.3	104103	11.5
1989	131026	3.5	115530	11
1990	149252	13.9	132041	14.3
1991	151004	1.2	145579	10.3
1992	188906	25.1	191372	31.5
1993	240277	27.2	237560	24.1
1994	290668	21	277266	16.7
1995	322500	11	313395	13
1996	324959	0.8	330587	5.5
1997	408797	25.8	364661	10.3
1998	493598	20.7	367110	0.7
1999	545206	10.5	426170	16.1
2000	713798	30.9	572464	34.3
2001	806083	12.9	696939	21.7
2002	1007421	25	877392	25.9
2003	977810	−2.9	990997	13
2004	1221649	24.9	1115258	12.5
2005	1275183	4.4	1241790	11.3
2006	1455250	14.1	1310501	5.5
2007	1703971	17.1	1574835	20.2
2008	2115483	24.2	1837346	16.7
2009	2286105	8.1	2369638	29

注: 1. 表 4 以中国科学院财务决算口径统计。

Note: Table 4 is based on the specifications for CAS final financial accounts.

2. 1997 年起开始执行国家颁布的“科学事业单位财务制度”。

Since 1997, the “Financial System for Scientific Institutions” issued by the State has been implemented.

3. “总收入”不包括基本建设投资、教育事业费收入。

“The total income” does not include the investment of capital construction and education income.

4. 自 2001 年起，事业单位总收入和总支出中包括转制单位的财政补助收入及支出。

Since 2001, the total income and expenditure of CAS scientific institutions has included the financial subsidiary income and expenditure of these transfered institutions.

4-2 事业单位总

Total Income of

单位：万元

系统及单位 System and unit	合计 Total	财政补助收入 Financial subsidiary income	拨入专款 Special funds allocated
总计 Total	**2286105**	**1299144**	**29173**
一、按系统分 By system			
(一) 科研机构 Research units	1958113	1121218	27136
数学、物理 Mathematics & physics	396175	267139	6527
化学与化工 Chemistry & chemical engineering	289005	163795	1940
地学 Earth sciences	271863	161305	6419
生物学 Biological sciences	349325	215259	6361
技术科学 Technological sciences	640305	304167	5646
其他 Others	11440	9553	243
(二) 学校及公共支撑机构 Universities and public supporting organizations	224126	119841	1449
技术支撑 Technical supporting organizations	57433	29301	7
学校 Universities	116641	65029	1168
文献情报、新闻出版 Documentation information & publication	29910	17872	274
服务与福利 Service & welfare	20142	7639	
(三) 管理机构 Management organizations	90646	46708	398
中国科学院本部 CAS Headquarters	62472	28747	–934
地区管理部门 CAS Branches	28174	17961	1332
(四) 其他 Others	13217	11376	191

收入情况(2009 年)

CAS Institutions: 2009

(ten thousand yuan)

事业收入 Operating income	科研收入 Scientific research income	技术收入 Technical income	试制产品收入 Income from trial-production of products	预算外资金收入 Income from non-budgetary funds	经营收入 Business income	其他收入 Other income
814488	**669804**	**84690**	**34752**	**10822**	**34111**	**109189**
727618	599361	81482	34695	839	29420	52726
106281	97142	7079		750	8599	7632
113094	79819	30433	2102		1460	8715
99329	92259	6204		46	2699	2112
113779	93342	13517	57		895	13034
293574	235262	24246	32536	43	15710	21207
1561	1537	3			57	26
84426	69199	2900	57	9086	2721	15691
27501	26378	716				625
44116	35283	1258	57	7518	2185	4144
11241	7538	926			391	133
1568				1568	145	10789
2444	1243	305		895	1970	39124
1175	1175				626	32857
1269	68	305		895	1344	6267
						1651

系统及单位 System and unit	合 计 Total	财政补助收 入 Financial subsidiary income	拨入专款 Special funds allocated
二、按科研单位分 By institute			
北京市 Beijing	777978	421300	13829
数学与系统科学研究院 Academy of Mathematics and Systems Science	14236	10090	587
物理研究所 Inst. of Physics	34125	18602	962
声学研究所 Inst. of Acoustics	33077	14975	92
理论物理研究所 Inst. of Theoretical Physics	3224	2128	69
理化技术研究所 Technical Inst. of Physics and Chemistry	24930	16115	70
高能物理研究所 Inst. of High Energy Physics	43773	32326	3179
国家天文台 National Astronomical Observatories of China	40865	24136	366
力学研究所 Inst. of Mechanics	18915	12679	400
化学研究所 Inst. of Chemistry	27763	17349	176
生态环境研究中心 Research Center for Eco-Environmental Sciences	21922	9894	417
国家纳米科学中心 National Center for Nano Science and Technology of China	8332	5019	4
过程工程研究所 Inst. of Process Engineering	19735	13409	127
地理科学与资源研究所 Inst. of Geographical Sciences and Natural Resources Research	28100	15836	1008
青藏高原研究所 Inst. of Qinghai-Tibet Plateau	6829	3842	40
遥感应用研究所 Inst. of Remote Sensing Application	13920	5043	263
地质与地球物理研究所 Inst. of Geology and Geophysics	28174	13382	785
古脊椎动物与古人类研究所 Inst. of Vertebrate Paleontology and Paleoanthropology	5070	3215	130

续表 4-2

事业收入 Operating income					经营收入 Business income	其他收入 Other income
	科研收入 Scientific research income	技术收入 Technical income	试制产品收入 Income from trial-production of products	预算外资金收入 Income from non-budgetary funds		
313945	274365	23897	12246		14314	14594
3552	3407					7
14181	13188	418			358	23
15678	15678				2236	96
1026	1001					
7291	3551	3741			1242	212
7063	6770	124			791	413
16255	16255				99	9
5527	5521				297	13
9250	8293	839	117		1	988
11515	9877	1637				97
3308	3308					
6212	5556	162	440		12	–26
10737	10737				161	359
2908	2908					40
7741	7594				657	217
13542	13542					464
1583	1360				113	29

系统及单位 System and unit	合 计 Total	财政补助收 入 Financial subsidiary income	拨入专款 Special funds allocated
大气物理研究所 Inst. of Atmospheric Physics	21651	11356	323
植物研究所 Inst. of Botany	21358	14037	707
动物研究所 Inst. of Zoology	17476	11344	491
心理研究所 Inst. of Psychology	7853	2825	164
微生物研究所 Inst. of Microbiology	15678	10385	87
生物物理研究所 Inst. of Biophysics	22608	12946	1021
遗传与发育生物学研究所 Inst. of Genetics and Developmental Biology	26543	16272	478
北京基因组研究所 Beijing Inst. of Genomics	7484	5643	101
计算技术研究所 Inst. of Computing Technology	36616	14506	147
软件研究所 Inst. of Software	19852	7878	44
半导体研究所 Inst. of Semiconductors	24100	12766	100
微电子研究所 Inst. of Microelectronics	16820	6138	542
电子学研究所 Inst. of Electronics	47453	16184	71
光电研究院 Institutes of Optoelectronics	10941	6537	2
自动化研究所 Inst. of Automation	21898	7868	100
电工研究所 Inst. of Electric Engineering	14649	8283	32
工程热物理研究所 Inst. of Engineering Thermophysics	13197	9944	149
空间科学与应用研究中心 Center for Space Science and Applied Research	29336	10257	183

续表 4-2

事业收入 Operating income	科研收入 Scientific research income	技术收入 Technical income	试制产品收入 Income from trial-production of products	预算外资金收入 Income from non-budgetary funds	经营收入 Business income	其他收入 Other income
9654	9497	94			310	8
5800	5416	33				814
5428	5198	13			28	185
4706	1882	2645				159
5111	4087	746			42	53
8005	6670	1187			35	600
9730	9673		57		60	4
1741	1413	270				
19272	16462	2305				2690
8988	8846				221	2722
9250	8440	809			1055	929
6227	4127	2101			3702	211
30880	16945	2173	11632		278	39
4305	4305					98
12834	12834				823	272
5833	5833				224	277
2839	2839				190	75
17631	17631				1095	171

系统及单位 System and unit	合 计 Total	财政补助收 入 Financial subsidiary income	拨入专款 Special funds allocated
自然科学史研究所 Inst. of History of Natural Sciences	1963	1646	145
科技政策与管理科学研究所 Inst. of Policy and Management	9477	7907	98
对地观测与数字地球科学中心 Center for Earth Observation and Digital Earth	18035	8538	169
山西省 Shanxi Province	20163	10280	41
山西煤炭化学研究所 Shanxi Inst. of Coal Chemistry	20163	10280	41
辽宁省、山东省 Liaoning and Shandong Provinces	175788	91254	1888
大连化学物理研究所 Dalian Inst. of Chemical Physics	49651	21914	448
沈阳应用生态研究所 Shenyang Inst. of Applied Ecology	10126	6871	192
沈阳自动化研究所 Shenyang Inst. of Automation	32640	9040	114
金属研究所 Inst. of Metals Research	43719	24057	234
海洋研究所 Inst. of Oceanology	39652	29372	900
吉林省 Jilin Province	110510	74080	467
长春应用化学研究所 Changchun Inst. of Applied Chemistry	29169	20100	234
东北地理与农业生态研究所 Northeast Inst. of Geography and Agricultural Ecology	9071	7524	59
长春光学精密机械与物理研究所 Changchun Inst. of Optics, Fine Mechanics and Physics	72270	46456	174
上海市、福建省、浙江省 Shanghai, Fujian Province, and Zhejiang Province	363125	213003	2569
上海应用物理研究所 Shanghai Inst. of Applied Physics	29693	24956	124
上海天文台 Shanghai Observatory	13795	8267	27

事业收入 Operating income	科研收入 Scientific research income	技术收入 Technical income	试制产品收入 Income from trial-production of products	预算外资金收入 Income from non-budgetary funds	经营收入 Business income	其他收入 Other income
117	108	3			38	17
1444	1429				19	9
6781	2184	4597			227	2320
9623	5323	4282			218	2
9623	5323	4282			218	2
80038	41879	20878	16602		121	2485
25655	13827	11031	537		111	1522
3039	2636	137				24
23107	8927	6088	8042			379
18927	7372	3429	8023			501
9310	9117	193			10	59
33758	32408	1043	15	88	529	1676
8835	7909	829	15			
1481	1209	214		46		7
23442	23290			42	529	1669
128588	100032	21771	5430		7735	11230
3229	2400	802			813	571
5276	5273				30	195

系统及单位 System and unit	合 计 Total	财政补助收 入 Financial subsidiary income	拨入专款 Special funds allocated
上海硅酸盐研究所 Shanghai Inst. of Ceramics	44997	20740	148
上海有机化学研究所 Shanghai Inst. of Organic Chemistry	27891	17491	130
上海生命科学研究院 Shanghai Institutes for Biological Sciences	73097	49105	554
上海微系统与信息技术研究所 Shanghai Inst. of Microsystem and Information Technology	40485	22386	130
上海光学精密机械研究所 Shanghai Inst. of Optics and Fine Mechanics	32464	20364	155
上海技术物理研究所 Shanghai Inst. of Technical Physics	46256	18346	208
上海药物研究所 Shanghai Inst. of Materia Medica	26511	13178	283
福建物质结构研究所 Fujian Inst. of Research on the Structure of Matter	18557	11780	125
宁波材料技术与工程研究所 Ningbo Inst. of Material Technology and Engineering	9379	6390	685
江苏省 Jiangsu Province	53058	37755	354
紫金山天文台 Purple Mountain Observatory	20131	16736	65
南京地理与湖泊研究所 Nanjing Inst. of Geography and Limnology	10053	5524	98
南京地质古生物研究所 Nanjing Inst. of Geology and Palaeontology	8822	5499	91
南京土壤研究所 Nanjing Inst. of Soil Science	14052	9996	100
安徽省 Anhui Province	57015	38633	400
合肥物质科学研究院 Hefei Institutes of Physical Sciences	57015	38633	400
湖北省 Hubei Province	52207	30502	198
武汉物理与数学研究所 Wuhan Inst. of Physics and Mathematics	9407	6991	31

续表 4-2

事业收入 Operating income	科研收入 Scientific research income	技术收入 Technical income	试制产品收入 Income from trial-production of products	预算外 资金收入 Income from non-budgetary funds	经营收入 Business income	其他收入 Other income
21087	14440	6585			504	2518
9673	3680	4792	993		244	352
22268	19612	2140				1170
12638	9227	1025	2387		4868	463
11082	10372	341			724	139
24649	21718	880	2050		391	2663
12159	7106	4904				891
4228	3958	249			161	2263
2299	2246	53				5
13154	12616	52			627	1167
2686	2427				65	579
4057	4044					373
2703	2526	52			426	103
3708	3619				136	112
10510	7719	1982		750	2622	4851
10510	7719	1982		750	2622	4851
20509	18858	741				1000
2111	2068					276

系统及单位 System and unit	合 计 Total	财政补助收 入 Financial subsidiary income	拨入专款 Special funds allocated
武汉岩土力学研究所 Wuhan Inst. of Rock and Soil Mechanics	12252	5429	57
测量与地球物理研究所 Inst. of Geodesy and Geophysics	3306	2521	9
武汉植物园 Wuhan Botanical Garden	6380	3421	20
水生生物研究所 Inst. of Hydrobiology	12859	6865	56
武汉病毒研究所 Wuhan Inst. of Virology	8003	5275	25
广东省、湖南省 Guangdong and Hunan Provinces	83368	44137	5720
广州地球化学研究所 Guangzhou Inst. of Geochemistry	15143	8827	879
南海海洋研究所 South China Sea Inst. of Oceanology	22893	9951	1299
华南植物园 South China Botanical Garden	11793	6769	1143
广州能源研究所 Guangzhou Inst. of Energy Conversion	21892	11189	2275
广州生物医药与健康研究院 Guangzhou Institutes of Biomedicine and Health	7578	4756	113
亚热带农业生态研究所 Inst. of Subtropical Agriculture	4069	2645	11
四川省 Sichuan Province	73922	34677	145
成都山地灾害与环境研究所 Chengdu Inst. of Mountain Hazards and Environment	8958	5042	43
成都生物研究所 Chengdu Inst. of Biology	9057	5414	41
光电技术研究所 Inst. of Optics and Electronics	55907	24221	61
云南省、贵州省 Yunnan and Guizhou Provinces	52733	32039	947
昆明植物研究所 Kunming Inst. of Botany	21093	10505	422

续表 4-2

事业收入 Operating income					经营收入 Business income	其他收入 Other income
	科研收入 Scientific research income	技术收入 Technical income	试制产品收入 Income from trial-production of products	预算外资金收入 Income from non-budgetary funds		
6692	6692					74
554	554					222
2836	1359	646				104
5767	5673	68				170
2549	2512	27				154
27926	22158	4673			991	4593
5078	5065				342	17
11638	7005	4586			5	
2653	1627	26			435	792
4435	4408	5			209	3783
2710	2654	56				
1412	1399					1
35495	35023	472			130	3474
3698	3698					175
2088	2056	32				1514
29709	29269	440			130	1785
13483	9163	1498			19	6245
3996	3965	18				6170

系统及单位 System and unit	合 计 Total	财政补助收 入 Financial subsidiary income	拨入专款 Special funds allocated
昆明动物研究所 Kunming Inst. of Zoology	10697	7627	167
西双版纳热带植物园 Xishuangbanna Tropical Botanical Garden	10133	5996	147
地球化学研究所 Inst. of Geochemistry	10810	7911	211
陕西省 Shaanxi Province	48284	24140	98
西安光学精密机械研究所 Xi'an Inst. of Optics and Precision Mechanics	32396	12819	71
地球环境研究所 Inst. of Earth Environment	5795	3493	15
国家授时中心 National Time Service Center	10093	7828	12
甘肃省、青海省 Gansu and Qinghai Provinces	73477	56338	397
近代物理研究所 Inst. of Modern Physics	24181	21141	71
兰州化学物理研究所 Lanzhou Inst. of Chemical Physics	15251	11856	53
寒区旱区环境与工程研究所 Cold and Arid Regions Environmental and Engineering Research Inst.	20864	14346	177
青海盐湖研究所 Qinghai Inst. of Saline Lakes	5574	3963	37
西北高原生物研究所 Northwest Inst. of Plateau Biology	4877	3384	38
兰州地质研究所 Lanzhou Inst. of Geology	2730	1648	21
新疆维吾尔自治区 Xinjiang Uygur Autonomous Region	16485	13080	83
新疆理化技术研究所 Xinjiang Technical Inst. of Physics and Chemistry	6463	6107	15
新疆生态与地理研究所 Xinjiang Inst. of Ecology and Geography	10022	6973	68

注: 1. 除“财政补助收入”外，其他各项收入均不含本单位转拨外单位经费。

Note: Except “the financial subsidiary income”, all other incomes do not include funds allocated by the institution

2. 由于中央机构编制委员会办公室新批建的五个科研机构财务账户仍然下挂在其他单位，故未单独

As the five new research institutions approved by the State Commission Office for Public Sector Reform are

事业收入 Operating income					经营收入 Business income	其他收入 Other income
	科研收入 Scientific research income	技术收入 Technical income	试制产品收入 Income from trial-production of products	预算外资金收入 Income from non-budgetary funds		
2871	2601					32
3970	952	569				20
2646	1645	911			19	23
22823	22364		402	1	1044	178
18446	17987		402	1	1044	16
2287	2287					
2090	2090					162
14530	14217	193			1070	1144
2860	2848	12			46	64
3219	3174	12			80	43
5756	5669				577	8
489	474	15			129	956
1232	1232				159	65
974	820	154			79	8
3236	3236					87
254	254					87
2982	2982					

to other units.
列出。
still under the financial account linked to other units, so that they are not listed separately.

4-3 事业单位总

Total Expenditure of

单位：万元

系统及单位 System and institute	合 计 Total	人员支出 Personnel expenditure	基本工资 Basic salary	补助工资 Subsidiary salary	其他工资 Other salaries
总 计 **Total**	**2369638**	**765281**	**74047**	**156784**	**133602**
一、按系统分 By system					
(一) 科研机构 Research units	2072033	679827	66459	142833	124056
数学、物理 Mathematics & physics	432553	143245	14290	32224	26884
化学与化工 Chemistry & chemical engineering	297335	100954	9106	20463	16616
地学 Earth sciences	289095	95952	11404	18649	18920
生物学 Biological sciences	369647	133791	13030	34012	18085
技术科学 Technological sciences	672270	203138	18241	36765	42942
其他 Others	11133	2747	388	720	609
(二) 学校及公共支撑机构 Universities and public supporting organizations	209198	48265	4708	8972	5254
技术支撑 Technical supporting organizations	40360	10193	688	1461	273
学校 Universities	126518	24609	1226	5713	2805
文献情报、新闻出版 Documentation, information & publication	30789	8122	1022	1779	1644
服务与福利 Service & welfare	11531	5341	1772	19	532
(三) 管理机构 Management organizations	75991	28293	2878	4884	4288
中国科学院本部 CAS Headquarters	46776	14231	1240	2587	2274
地区管理部门 CAS Branches	29215	14062	1638	2297	2014

支出情况(2009 年)

CAS Institutions: 2009

(ten thousand yuan)

社会保障费 Social security expenditure	公用支出 Public expenditure	公务费 Official business spending	业务费 Expenditure for professional activity	设备购置费 Expenditure for purchasing equipment	修缮费 Renovation fees	专款支出 Designated expenditure	经营支出 Operating expenses	结转自筹基建 Balanced and transferred self-raised capital construction funds
319932	**1489286**	**115270**	**853594**	**408126**	**90853**	**31968**	**32842**	**50262**
278949	1288446	94187	745714	365559	79162	28340	28365	47052
56513	272308	21011	129660	102028	19217	4602	8385	4022
43895	175960	11492	88286	64265	11008	1926	1098	17395
38257	181440	12873	116006	45454	6847	6544	2681	2474
51483	220802	15985	125544	63425	14580	7668	833	6548
87918	429822	32508	282807	90014	23557	7375	15320	16613
883	8114	318	3411	373	3953	225	48	
20152	154080	14307	88076	37876	7841	1236	2662	2956
2225	28004	1125	18692	6446	1741	7		2156
11912	98209	9841	61013	18635	2865	955	2145	600
3175	21806	2747	6267	12568	216	274	389	200
2840	6061	594	2104	227	3019		128	
12550	43430	5866	19086	4608	2895	2201	1815	255
4902	31023	3744	15074	360	898	934	590	
7648	12407	2122	4012	4248	1997	1267	1225	255

系统及单位 System and institute	合 计 Total	人员支出 Personnel expenditure	基本工资 Basic salary	补助工资 Subsidiary salary	其他工资 Other salaries
(四) 其 他 Others	12418	8899		93	2
二、按科研单位分 By institute					
北京市 Beijing	844716	258980	25770	49432	63014
数学与系统科学研究院 Academy of Mathematics and Systems Science	14701	7027	655	1631	1684
物理研究所 Inst. of Physics	33933	10388	987	1658	2761
声学研究所 Inst. of Acoustics	35716	11282	1047	1808	2691
理论物理研究所 Inst. of Theoretical Physics	3047	1186	135	293	291
理化技术研究所 Technical Inst. of Physics and Chemistry	23746	7907	737	1213	1910
高能物理研究所 Inst. of High Energy Physics	48609	16504	1626	5008	2433
国家天文台 National Astronomical Observatories of China	48879	13024	901	3527	3601
力学研究所 Inst. of Mechanics	21453	6929	633	1452	1351
化学研究所 Inst. of Chemistry	26532	9303	886	1403	1943
生态环境研究中心 Research Center for Eco-Environmental Sciences	21029	6363	676	1156	1153
国家纳米科学中心 National Center for Nano Science and Technology of China	8401	1905	152	437	536
过程工程研究所 Inst. of Process Engineering	24852	6362	538	1128	1662
地理科学与资源研究所 Inst. of Geographical Sciences and Natural Resources Research	35152	12159	1077	1616	3249
青藏高原研究所 Inst. of Qinghai-Tibet Plateau	7407	1513	241	439	371
遥感应用研究所 Inst. of Remote Sensing Application	15162	3970	319	560	1729

续表 4-3

社会保障费 Social security expenditure	公用支出 Public expenditure	公务费 Official business spending	业务费 Expenditure for professional activity	设备购置费 Expenditure for purchasing equipment	修缮费 Renovation fees	专款支出 Designated expenditure	经营支出 Operating expenses	结转自筹基建 Balanced and transferred self-raised capital construction funds
8287	3335	913	714	86	959	191		
93328	545164	49031	298114	159757	36832	10706	13818	16041
2218	7255	102	5793	1178	155	316		102
2915	22253	1532	8064	12170	486	813	73	407
4762	22436	2068	12978	7050	336	135	1863	
284	1792	210	1401	176	5	69		
2783	14430	1505	8097	4270	558	72	1338	
6756	29079	7712	7751	9977	3635	1731	1295	
4338	35391	464	17841	12871	4107	366	99	
2648	13929	1975	6805	2072	3074	400	195	
3660	17051	2422	6735	7575	319	176	1	
1852	14302	1289	8482	4326	205	363		
359	6492	941	2693	2649	207	4		
2326	17031	1264	8836	6580	351	87	12	1359
5009	21860	2001	15993	2504	1362	972	161	
217	5887	682	3007	1992	206	8		
822	10293	457	8430	1004	387	251	647	

系统及单位 System and institute	合 计 Total	人员支出 Personnel expenditure	基本工资 Basic salary	补助工资 Subsidiary salary	其他工资 Other salaries
地质与地球物理研究所 Inst. of Geology and Geophysics	28396	8246	1995	811	1562
古脊椎动物与古人类研究所 Inst. of Vertebrate Paleontology and Paleoanthropology	5067	2479	287	581	448
大气物理研究所 Inst. of Atmospheric Physics	23831	6968	678	1754	1462
植物研究所 Inst. of Botany	23122	9032	951	2037	2027
动物研究所 Inst. of Zoology	21024	6032	555	1165	1523
心理研究所 Inst. of Psychology	8362	2506	256	679	568
微生物研究所 Inst. of Microbiology	16463	6836	740	1503	1391
生物物理研究所 Inst. of Biophysics	34287	6853	596	1290	1219
遗传与发育生物学研究所 Inst. of Genetics and Developmental Biology	29111	8391	900	2328	972
北京基因组研究所 Beijing Inst. of Genomics	10390	2259	699	204	455
计算技术研究所 Inst. of Computing Technology	35044	14287	1271	1755	3908
软件研究所 Inst. of Software	24327	4976	564	960	1429
半导体研究所 Inst. of Semiconductors	27585	9126	931	1801	1872
微电子研究所 Inst. of Microelectronics	18986	6098	706	770	1120
电子学研究所 Inst. of Electronics	42654	12854	866	1767	4457
光电研究院 Institutes of Optoelectronics	14080	3422	391	1017	913
自动化研究所 Inst. of Automation	25567	7385	471	845	2623
电工研究所 Inst. of Electric Engineering	14256	6150	520	1270	1150
工程热物理研究所 Inst. of Engineering Thermophysics	10246	2892	444	596	482

续表 4-3

社会保障费 Social security expenditure	公用支出 Public expenditure	公务费 Official business spending	业务费 Expenditure for professional activity	设备购置费 Expenditure for purchasing equipment	修缮费 Renovation fees	专款支出 Designated expenditure	经营支出 Operating expenses	结转自筹基建 Balanced and transferred self-raised capital construction funds
2834	19365	4560	10262	4020	523	785		
895	2349	325	1349	640	32	134	104	
2298	16232		9750	6066	416	321	311	
2754	13053	728	7367	2790	2168	682		356
2231	14581	282	9221	3262	1813	382	28	
765	4684	437	3221	755	271	189		981
2514	9534	1145	5216	2267	626	88	5	
2681	25307	2539	6381	14900	1476	477	35	1616
2827	20190	1517	12939	4297	1285	478	51	
396	8130	304	2394	5315	117	1		
6637	19796	4265	12430	1857	1175	93		868
1943	11766	−1342	10387	2240	476	29	98	7457
3642	17079	429	9495	4873	2282	85	1295	
3152	8767	1023	4199	3416	129	442	3680	
5057	29690	3317	20376	4336	1447	68	40	
870	10658	530	5449	4432	244	1		
2312	15154	1690	9030	3632	802	112	823	2093
2472	7939	994	5143	1443	359	32	134	
1071	7131	2	3400	3610	119	41	181	

系统及单位 System and institute	合 计 Total	人员支出 Personnel expenditure	基本工资 Basic salary	补助工资 Subsidiary salary	其他工资 Other salaries
空间科学与应用研究中心 Center for Space Science and Applied Research	34143	9230	589	1316	3595
自然科学史研究所 Inst. of History of Natural Sciences	2387	1100	159	234	178
科技政策与管理科学研究所 Inst. of Policy and Management	8746	1647	229	486	431
对地观测与数字地球科学中心 Center for Earth Observation and Digital Earth	18023	4389	362	934	1864
山西省 Shanxi Province	17215	5877	875	1605	688
山西煤炭化学研究所 Shanxi Inst. of Coal Chemistry	17215	5877	875	1605	688
辽宁省、山东省 Liaoning and Shandong Provinces	176848	54676	5410	12429	8624
大连化学物理研究所 Dalian Inst. of Chemical Physics	54871	17788	1373	2566	3362
沈阳应用生态研究所 Shenyang Inst. of Applied Ecology	10274	4858	613	1204	300
沈阳自动化研究所 Shenyang Inst. of Automation	32672	7157	798	2751	751
金属研究所 Inst. of Metals Research	40978	12031	1237	3135	2507
海洋研究所 Inst. of Oceanology	38053	12842	1389	2773	1704
吉林省 Jilin Province	136636	44344	3707	5972	7225
长春应用化学研究所 Changchun Inst. of Applied Chemistry	31224	12984	1301	1701	2729
东北地理与农业生态研究所 Northeast Inst. of Geography and Agricultural Ecology	8036	4194	489	978	392
长春光学精密机械与物理研究所 Changchun Inst. of Optics，Fine Mechanics and Physics	97376	27166	1917	3293	4104
上海市、福建省、浙江省 Shanghai, Fujian Province, and Zhejiang Province	372386	128276	10356	30793	16705
上海应用物理研究所 Shanghai Inst. of Applied Physics	39736	11278	866	2148	1653
上海天文台 Shanghai Observatory	16367	4586	404	821	987

续表 4-3

社会保障费 Social security expenditure	公用支出 Public expenditure	公务费 Official business spending	业务费 Expenditure for professional activity	设备购置费 Expenditure for purchasing equipment	修缮费 Renovation fees	专款支出 Designated expenditure	经营支出 Operating expenses	结转自筹基建 Balanced and transferred self-raised capital construction funds
3298	22947	743	16478	4556	968	172	1068	723
448	1107	50	777	217	59	145	35	
435	7007	268	2634	156	3894	80	13	
847	13217	601	7310	4283	758	106	233	79
2364	11199	343	6712	2602	1374	37	100	
2364	11199	343	6712	2602	1374	37	100	
24336	112088	8268	69613	30668	3320	2071	121	7893
9314	31699	427	18174	12747	287	438	111	4836
2327	5303	344	3759	1090	103	112		
2407	25089	2367	20357	2015	350	113		314
4185	26698	4979	14645	4810	2217	234		2016
6103	23299	151	12678	10006	363	1174	10	727
24478	91174	4376	63955	18519	3694	586	529	
5905	17869	1586	8263	6848	554	370		
2129	3800	365	2392	885	146	42		
16444	69505	2425	53300	10786	2994	174	529	
55924	221252	13416	118970	71955	16538	1829	7389	13642
5689	27562	2839	8477	15717	471	96	801	
2087	11725		7608	2770	1345	27	30	

系统及单位 System and institute	合 计 Total	人员支出 Personnel expenditure	基本工资 Basic salary	补助工资 Subsidiary salary	其他工资 Other salaries
上海硅酸盐研究所 Shanghai Inst. of Ceramics	44255	13234	943	2547	2432
上海有机化学研究所 Shanghai Inst. of Organic Chemistry	29083	12084	791	4012	135
上海生命科学研究院 Shanghai Institutes for Biological Sciences	76913	31754	2622	9524	2663
上海微系统与信息技术研究所 Shanghai Inst. of Microsystem and Information Technology	37191	11750	1519	844	2470
上海光学精密机械研究所 Shanghai Inst. of Optics and Fine Mechanics	37332	12859	818	2697	1408
上海技术物理研究所 Shanghai Inst. of Technical Physics	41624	14212	1154	3152	3134
上海药物研究所 Shanghai Inst. of Materia Medica	22615	8354	439	2821	25
福建物质结构研究所 Fujian Inst. of Research on the Structure of Matter	17717	5768	657	1639	966
宁波材料技术与工程研究所 Ningbo Inst. of Material Technology and Engineering	9553	2397	143	588	832
江苏省 Jiangsu Province	55409	21457	1934	4957	3411
紫金山天文台 Purple Mountain Observatory	21487	7346	842	1955	1603
南京地理与湖泊研究所 Nanjing Inst. of Geography and Limnology	10347	3750	272	769	578
南京地质古生物研究所 Nanjing Inst. of Geology and Palaeontology	9463	4129	345	612	727
南京土壤研究所 Nanjing Inst. of Soil Science	14112	6232	475	1621	503
安徽省 Anhui Province	56740	19671	2263	5459	1680
合肥物质科学研究院 Hefei Institutes of Physical Sciences	56740	19671	2263	5459	1680
湖北省 Hubei Province	53737	22349	2453	4183	4504
武汉物理与数学研究所 Wuhan Inst. of Physics and Mathematics	10889	4221	559	657	596

续表 4-3

社会保障费 Social security expenditure	公用支出 Public expenditure	公务费 Official business spending	业务费 Expenditure for professional activity	设备购置费 Expenditure for purchasing equipment	修缮费 Renovation fees	专款支出 Designated expenditure	经营支出 Operating expenses	结转自筹基建 Balanced and transferred self-raised capital construction funds
6307	25371	1585	11657	7044	5040	148	502	5000
5623	11721	629	6980	3592	520	110	168	5000
12327	44886	3275	25604	13619	2150	272		
5995	20447	1584	13024	4914	925	127	4868	
7043	23050	1856	12504	7503	1183	155	626	642
5224	26813	410	18657	4993	2753	208	391	
3199	12276	302	8964	2436	555	183		1800
1764	10623	368	3686	5000	1562	125	3	1200
666	6778	568	1809	4367	34	378		
9957	32962	1162	15987	14091	1620	402	585	
2752	14053	187	3456	9963	447	65	23	
1825	6482	116	4510	1603	165	114		
2312	4804	618	2743	1268	161	103	426	
3068	7623	241	5278	1257	847	120	136	
8593	30599	793	21036	7478	1152	336	2622	3513
8593	30599	793	21036	7478	1152	336	2622	3513
8410	31190	3145	20510	6261	1231	198		
1765	6630	635	3406	2282	307	38		

系统及单位 System and institute	合 计 Total	人员支出 Personnel expenditure	基本工资 Basic salary	补助工资 Subsidiary salary	其他工资 Other salaries
武汉岩土力学研究所 Wuhan Inst. of Rock and Soil Mechanics	12504	6087	617	1190	1599
测量与地球物理研究所 Inst. of Geodesy and Geophysics	3532	1946	218	420	332
武汉植物园 Wuhan Botanical Garden	6586	2917	413	928	444
水生生物研究所 Inst. of Hydrobiology	12602	4239	360	384	1082
武汉病毒研究所 Wuhan Inst. of Virology	7624	2939	286	604	451
广东省、湖南省 Guangdong and Hunan Provinces	87071	27339	3095	7871	5510
广州地球化学研究所 Guangzhou Inst. of Geochemistry	15508	5186	570	842	1587
南海海洋研究所 South China Sea Inst. of Oceanology	23965	7375	729	1845	1622
华南植物园 South China Botanical Garden	11807	5272	559	1055	1330
广州能源研究所 Guangzhou Inst. of Energy Conversion	21412	5116	761	2569	153
广州生物医药与健康研究院 Guangzhou Institutes of Biomedicine and Health	9496	2596	226	1142	543
亚热带农业生态研究所 Inst. of Subtropical Agriculture	4883	1794	250	418	275
四川省 Sichuan Province	72059	25776	2743	3971	3558
成都山地灾害与环境研究所 Chengdu Inst. of Mountain Hazards and Environment	8882	2923	444	64	702
成都生物研究所 Chengdu Inst. of Biology	8993	4480	522	921	425
光电技术研究所 Inst. of Optics and Electronics	54184	18373	1777	2986	2431
云南省、贵州省 Yunnan and Guizhou Provinces	47275	18403	1886	4093	2266
昆明植物研究所 Kunming Inst. of Botany	15172	5029	493	1039	1103
昆明动物研究所 Kunming Inst. of Zoology	10042	3958	302	1187	80

续表 4-3

社会保障费 Social security expenditure	公用支出 Public expenditure	公务费 Official business spending	业务费 Expenditure for professional activity	设备购置费 Expenditure for purchasing equipment	修缮费 Renovation fees	专款支出 Designated expenditure	经营支出 Operating expenses	结转自筹基建 Balanced and transferred self-raised capital construction funds
1903	6362	330	5345	618	69	57		
757	1574	218	946	368	42	9		
1046	3650	528	2131	446	537	20		
1718	8314	685	6489	1034	106	49		
1221	4660	749	2193	1513	170	25		
8684	43514	5616	25536	8494	3658	10472	975	4773
1818	8860	315	4983	2450	1100	942	342	177
2665	14005	1140	10484	1953	428	1281	5	1300
1774	4905	637	2307	769	1009	1211	419	
1297	8987	2766	3430	2001	775	4680	209	2421
474	3679	623	2244	496	316	2347		875
656	3078	135	2088	825	30	11		
10768	45342	1971	33422	7842	1915	115	106	720
1240	5927	297	4727	643	260	32		
2324	3763	81	2695	828	79	29		720
7204	35652	1593	26000	6371	1576	54	106	
8345	27714	1783	18187	6590	887	1140	19	
1855	9957	616	7068	1495	532	186		
1830	5737	512	3394	1621	206	348		

系统及单位 System and institute	合 计 Total	人员支出 Personnel expenditure	基本工资 Basic salary	补助工资 Subsidiary salary	其他工资 Other salaries
西双版纳热带植物园 Xishuangbanna Tropical Botanical Garden	10123	5419	523	1322	636
地球化学研究所 Inst. of Geochemistry	11938	3997	568	545	447
陕西省 Shaanxi Province	51939	17876	1732	2906	3602
西安光学精密机械研究所 Xi'an Inst. of Optics and Precision Mechanics	35037	11268	1002	1719	1739
地球环境研究所 Inst. of Earth Environment	5956	1187	134	369	305
国家授时中心 National Time Service Center	10946	5421	596	818	1558
甘肃省、青海省 Gansu and Qinghai Provinces	82412	28408	3350	7763	2056
近代物理研究所 Inst. of Modern Physics	26699	7745	1027	2083	84
兰州化学物理研究所 Lanzhou Inst. of Chemical Physics	16317	5978	606	1449	616
寒区旱区环境与工程研究所 Cold and Arid Regions Environmental and Engineering Research Inst.	24978	7986	1000	2424	697
青海盐湖研究所 Qinghai Inst. of Saline Lakes	5839	3308	308	820	394
西北高原生物研究所 Northwest Inst. of Plateau Biology	5646	2041	250	636	70
兰州地质研究所 Lanzhou Inst. of Geology	2933	1350	159	351	195
新疆维吾尔自治区 Xinjiang Uygur Autonomous Region	17590	6395	885	1399	1213
新疆理化技术研究所 Xinjiang Technical Inst. of Physics and Chemistry	7101	2643	395	503	402
新疆生态与地理研究所 Xinjiang Inst. of Ecology and Geography	10489	3752	490	896	811

续表 4-3

社会保障费 Social security expenditure	公用支出 Public expenditure	公务费 Official business spending	业务费 Expenditure for professional activity	设备购置费 Expenditure for purchasing equipment	修缮费 Renovation fees	专款支出 Designated expenditure	经营支出 Operating expenses	结转自筹基建 Balanced and transferred self-raised capital construction funds
2567	4284	224	2428	1549	81	420		
2093	7736	431	5297	1925	68	186	19	
8349	32655	2106	21456	6471	2577	98	1039	270
6152	22659	1708	15384	3576	1991	71	1039	
230	4483	138	3045	1211	89	15		270
1967	5513	260	3027	1684	497	12		
13247	52452	1593	26605	20287	3962	295	1062	200
3864	18856	397	7051	8893	2515	54	46	
2852	10214	396	5365	3930	523	53	73	
3441	16295	279	10299	4987	730	120	577	
1569	2388	242	703	1372	66	15	128	
929	3208	81	2163	861	103	38	159	200
592	1491	198	1024	244	25	15	79	
2166	11141	584	5611	4544	402	55		
1189	4443	2	1524	2859	58	15		
977	6698	582	4087	1685	344	40		

主要统计指标解释

1. 事业单位总收入情况

财政补助收入 指单位从财政部门取得的科学事业费、房改经费。

拨入专款 指单位从没有直接部门预算管理关系的财政部门、上级单位或其他单位取得的有指定用途的专项资金，如从人事部取得的政府津贴、院士津贴。

事业收入 指单位开展专业业务活动及其辅助活动取得的收入，包括科研收入、技术收入、学术活动收入、科普活动收入、试制产品收入、预算外资金收入等。

科研收入 指单位承担科研课题(项目)和接受委托研制样品样机取得的收入，包括事业单位承担国家科研项目取得的收入，如国家“科技三项费用”项目、“国家自然科学基金”项目、“863”项目等；同时包括事业单位承担地方有关部门及企业的各类科研任务取得的收入。

技术收入 指单位对外提供技术转让、技术咨询、技术服务、技术培训、技术承包和技术开发取得的收入。

试制产品收入 指单位经过国家有关部门批准从事中间试验产品的试制取得的收入(不含科技三项费用中的中间试验费)。

预算外资金收入 指单位按照国家有关规定，为履行或代行政府职能，依据国家法律、法规和具有法律效力的规章而收取的纳入预算外资金专户管理的各种行政事业性收费等。

经营收入 指单位在专业业务活动及其辅助活动之外开展非独立核算的经营活动取得的收入，包括产品(商品)销售收入、经营服务收入、工程承包收入、租赁收入和其他经营收入。

其他收入 指单位除上述收入以外的其他收入，如投资收益、利息收入、捐赠收入、上级补助收入、附属单位缴款等。

2. 事业单位总支出情况

人员支出 指单位用各种经费开支的基本工资、补助工资、其他工资、职工福利费、社会保障费、助学金。

基本工资 主要指按国家有关规定支付给工作人员的固定工资及规定比例的津贴。

补助工资 指按国家有关规定支付给工作人员的津贴、补贴，包括各项岗位津贴、价格补贴、地方性补贴、冬季取暖补贴、夜餐补贴、职工上下班交通补贴、加班费等。

其他工资 主要指在基本工资、补助工资之外发给在职人员的属于国家规定工资总额组成范围的各种津贴、补贴。

社会保障费 指按国家有关规定支付给离退休人员的离退休金、津贴、补贴及单位按国家规定缴纳的各项基本社会保险金等。

公用支出 指单位用各种经费开支的公务费、设备购置费、修缮费、业务费及其他费用。

公务费 指用于组织和管理专业业务及其辅助活动发生的支出，主要包括办公费、邮电通信费、水电费、公用取暖费、车船油料费等。

业务费 指在开展专业业务及其辅助活动过程中发生的支出，主要包括消耗的各种原材料、计算测试费、燃料动力费、会议费、差旅费、外事活动费等。

设备购置费 指不属于基本建设支出，应按固定资产管理的科研、生产、开发、经营以及办公设备的购置支出，主要包括各种仪器设备、车辆、图书等购置费以及按规定提取的修购基金。

修缮费 指用于单位公用房屋、建筑物以及附属设备的修缮支出、按照国家规定不够基本建设投资额度的零星土建工程支出以及按规定提取的修购基金。

结转自筹基建 指单位经国家有关部门批准并纳入基本建设计划，用财政补助收入以外的资金安排的基本建设项目支出。

经营支出 指单位在专业业务活动及其辅助活动之外开展非独立核算经营活动发生的各项支出以及实行内部成本核算单位已销产品的实际成本。

专款支出 指单位用上述“拨入专款”开支的费用。

Explanatory Notes on Key Indicators

1. Total income of CAS institutions

Financial subsidiary income This refers to the operating funds for scientific research, and house subside obtained from the financial departments.

Special funds allocated This refers to the special funds for designated use obtained from the financial departments, higher authorities or other units, such as government allocations and allocations for CAS Members from the Ministry of Personnel Management.

Operating income This refers to the income obtained by performing professional activities and auxiliary work, including scientific research, technology, scientific activities, popular science activities and production of pilot products, and income from non-budgetary funds.

Scientific research income This refers to the income acquired by undertaking scientific research tasks (projects) and accepting assignments to develop samples and prototypes. It includes income for undertaking State scientific research projects, such as the “Three sums of science and technology funds”, “National Natural Science Foundation funds”, “863” Program funds, etc. It also includes income obtained from the local departments and enterprises by the institutions by undertaking various research tasks.

Technology income This refers to the income obtained from offering external technology transfer, technology consultation, technology service, technology training, technology contracting and technology development.

Income from trial-production of products This refers to the income obtained by producing pilot experimental products (not including allowance for pilot experiments in the “three sums of science and technology funds”) approved by the relevant State departments.

Income from non-budgetary funds This refers to various kinds of revenues (which are not included in the State budgetary management system) collected by the institution in performing or acting the functions on government behalf according to the State laws, regulations and rules which have the legal effects.

Business income This refers to the income acquired by carrying out non-independent accounting business activities other than professional and auxiliary work, including product (commodity) sales income, business service income, project contracting income, renting income and other business income.

Other income This refers to income other than the above-mentioned items, such as income from investment, interest, donation, subsidies from superior organizations, funds provided by affiliated units, etc.

2. Total expenditure of CAS institutions

Personnel expenditure This refers to the spending from various kinds of funds, such as basic salary, subsidiary salary and other salaries, welfare expenditure, social security expenditure, and people’s grant-in-aid.

Basic salary This refers to the basic salary and proportioned allowance paid to the staff according to the relevant State policies.

Subsidiary salary This refers to the allowance and subsidies paid to the staff according to the relevant State policies, including working post allowance, inflation subsidies, local allowance, allowance for winter heating, night snack allowance, traffic allowance for the staff to and back from work, and overtime pay, etc.

Other salaries This mainly refers to the allowances and subsidies paid to the on-job staff, which is the components of the total salary set according to the relevant State policies. This item is not included in the basic salary and subsidiary salary.

Social security expenditure This refers to the pension, allowance or subsidies paid to the retired personnel according to the relevant State policy, and various basic social insurance premium paid by the units according to the State policy.

Public expenditure This refers to the spending from various kind of funds, such as official business spending, expenditure for professional activities, expenditure for purchasing equipment, renovation fees and others.

Official business spending This refers to the expenses for organizing and managing professional work and auxiliary activities, mainly including expenses on administration, postage and communications, water and electricity, winter heating, vehicles and fuel, etc.

Expenditure for professional activity This refers to the expenses occurred in the process of carrying out professional work and auxiliary activities, mainly including raw and processed materials consumed, computation and testing, fuel and power, expenses for attending conferences and making business trips, etc.

Expenditure for purchasing equipment This refers to the expenses spent on equipment purchasing for scientific research, production, development, business operation and office instruments, which does not fall into the category of capital construction expenditure and is managed as fixed assets. It mainly includes expenses for purchasing various kinds of instruments and equipment, vehicles, books, etc., according to the relevant policies.

Renovation fees This refers to fees for renovating public houses, buildings and attached facilities, expenses of minor civil engineering which are less than the investment quota set for capital construction, and the renovation/purchasing fees drawn according to the relevant policies.

Balanced and transferred self-raised capital construction funds This refers to the expenditure from non financial subsidiary funds for capital construction projects which are approved by the State departments concerned and which are included in the capital construction plan of the year.

Business expenditure This refers to the expenses occurred in the process of carrying out non-independent accounting business activities other than professional and auxiliary work, as well as the actual cost of products sold by those internal cost-accounting units.

Designated expenditure This refers to the expenses paid from above-mentioned "Designated funds".

五、基本建设

CAPITAL CONSTRUCTION

5-1 基本建设总体情况

General Information of Capital Construction

年 份 Year	完成投资（万元） Investment completed (ten thousand yuan)				竣工面积(万平方米) Floor space completed (10000 square meter)
		国家及院拨款 State & CAS funds	建设单位自筹 Self-raised funds by construction unit	贷 款 Loan	
1950~1952	276				2.05
1953~1957	9123				51.23
1958~1962	20972				79.40
1963~1965	12600				33.88
1966~1970	9139				15.37
1971~1975	7835				56.66
1976	2500				8.23
1977	3347				15.09
1978	8454				20.47
1979	18426				33.28
1980	17579				36.19
1981	13600				36.78
1982	15039				34.66
1983	14537				27.04
1984	16114				32.83
1985	17108	346			24.23
1986	21908	252			28.30
1987	27412	281			20.31
1988	28266	240			24.70
1989	29384	240			29.87
1990	23484	240			37.36
1991	30306	1971			23.17
1992	36636	5000			28.72
1993	38427	4809		3100	25.83
1994	40787	10000		3000	23.95
1995	44480	10000		2600	23.51
1996	48122	15982		700	22.66
1997	65936	25346			24.81
1998	91409	32387			29.46
1999	103721	48879			32.84
2000	140591	74192			45.30
2001	221479	95910	124869	700	53.88
2002	314274	175092	130111	9071	84.78
2003	342450	197664	144786		70.05
2004	242432	178013	62015	2405	76.02
2005	227700	161675	66025		42.41
2006	251892	143700	108192		55.58
2007	211400	113400	98000		41.89
2008	273500	145200	128300		43.48
2009	431000	296700	134300		15.58

5-2 基本建设投资完成情况(2009 年)
Capital Construction Expenditure: 2009

单位: 万元　　(ten thousand yuan)

项 目 Project	完成投资 Investment completed	国家及院拨款 State & CAS funds	建设单位自筹 Self-raised funds by construction unit	贷 款 Loan
总 计 Total	**431000**	**296700**	**134300**	
一、大科学工程 Mega-science projects	76900	60100	16800	
二、科教基础设施改造建设项目 Infrastructure renovation & construction of research and education	232800	167600	65200	
三、产业化项目 Commercialized projects	2900		2900	
四、引进人才项目 Talent Programmes	2800	2800		
五、标本馆改造建设 Reconstruction of herbariums	51300	1900	49400	
六、其他专项 Other designated projects	64300	64300		

5-3 基本建设建筑面积完成情况(2009 年)
Floor Space Completed: 2009

单位: 万平方米　　(10000 square meter)

项 目 Project	在建面积 Floor space under construction	新开面积 Floor space started	竣工面积 Floor space completed	改造面积 Floor space reconstructed
总 计 Total	**164.60**	**124.41**	**15.58**	**4.43**
一、大科学工程 Mega-science projects	1.00			
二、知识创新工程基建专项 Special capital construction fund for Knowledge Innovation Program	163.60	124.41	15.58	4.43
科研用房改造建设 Renovation & construction for scientific research building	103.73	67.30	13.82	3.76
园区基础设施改造建设 Infrastructure renovation & construction of institute campuses	1.21	0.32	0.93	0.42
教育设施及流动人员公寓改造建设项目 Reconstruction projects of educational facilities & apartments for the staff on mobility	58.66	56.79	0.83	0.25

六、科技活动

SCIENTIFIC AND TECHNOLOGICAL ACTIVITIES

6-1 科研机构人员概况
Staff of CAS Research Institutions

年 份 Year	在职职工 (人) Regular staff (person)	从事科技活动人员 S&T activity personnel		
			其中：女性 Of which:Female	科学家和工程师 Scientists & engineers
1985	69650	58220	19820	32174
1986	70510	60107	20509	34495
1987	66855	53727	18410	35034
1988	67554	56939	19419	36648
1989	67451	56895	19209	37587
1990	67547	56199	18536	38133
1991	67558	56029	18645	37668
1992	66608	54293	18070	37642
1993	64273	50584	16856	36199
1994	61641	46344	15393	33749
1995	59008	42934	14186	32446
1996	56245	41392	13598	32032
1997	53191	38104	12484	29798
1998	50271	33963	11373	27139
1999	47487	31205	10290	25450
2000	44772	29648	9547	24426
2001	40853	26391	8376	22105
2002	36679	23600	7455	20225
2003	35201	23218	7398	19108
2004	34847	23830	7550	20027
2005	35394	24755	7840	20446
2006	36085	25914	8281	21558
2007	36684	27315	8846	25347
2008	42558	33642	11660	31639
2009	46959	38642	12908	35366

注: S&T—Science and Technology.

自 2008 年起，科研机构在职职工的统计范围是指科研机构中在编职工和项目聘用人员。

Note: Since 2008, the number of regular staff of research institution includes both the regular staff of all CAS institutions and the staff by project contract.

6-2 科研机构职工按工作性质分类(2009 年)

Statistics of CAS Staff, by Nature of Work: 2009

单位：人 (person)

地区及学科 Region and field	从事科技活动人员 S&T activity personnel	科技管理人员 S&T management personnel	课题活动人员 Project activity personnel	科技服务人员 S&T service personnel	从事生产经营活动人员 Production and business activity personnel	生活后勤服务人员 Logistics service personnel
总计 Total	**38642**	**4781**	**27127**	**6734**	**1814**	**6503**
一、按地区、分院分 By region and branch						
北京分院(筹) Beijing Branch	14896	1874	10839	2183	496	2105
沈阳分院 Shenyang Branch	3383	367	2163	853	174	728
长春分院 Changchun Branch	2401	269	1925	207	364	554
上海分院 Shanghai Branch	6412	804	4552	1056	281	969
南京分院 Nanjing Branch	1105	124	776	205	17	136
合肥地区 Hefei Area	1402	166	909	327	91	213
武汉分院 Wuhan Branch	1226	149	801	276	23	385
广州分院 Guangzhou Branch	2095	261	1479	355	10	219
成都分院 Chengdu Branch	1306	160	758	388	143	346
昆明分院 Kunming Branch	1154	186	687	281	35	182

续表 6-2

地区及学科 Region and field	从事科技活动人员 S&T activity personnel	科技管理人员 S&T management personnel	课题活动人员 Project activity personnel	科技服务人员 S&T service personnel	从事生产经营活动人员 Production and business activity personnel	生活后勤服务人员 Logistics service personnel
西安分院 Xi'an Branch	975	149	583	243	107	264
兰州分院 Lanzhou Branch	1766	221	1261	284	30	325
新疆分院 Xinjiang Branch	521	51	394	76	43	77
二、按学科分 By field						
数学、物理 Mathematics & physics	7855	1007	5354	1494	348	1494
化学与化工 Chemistry & chemical engineering	5538	645	3826	1067	146	883
地学 Earth sciences	5166	709	3576	881	45	983
生物学 Biological sciences	7793	1071	5145	1577	130	1199
技术科学 Technological sciences	12101	1317	9093	1691	1145	1931
其他 Others	189	32	133	24		13

注：此表不包括不在岗人员。

Note: This table does not include the personnel who are not on the working posts.

6-3 科研机构科技
Total Income of S&T Activities in

单位：千元

地区及学科 Region and field	科技活动收入 Total income of S&T activities	政府资金 Government funds	财政补助收入 Income from government subsidy	承担政府科研项目收入 Income from undertaking government research projects
总 计 **Total**	**20884679**	**17402158**	**10926134**	**5713427**
一、按地区、分院分 By region and branch				
北京分院(筹) Beijing Branch	8224631	6838104	4065656	2553937
沈阳分院 Shenyang Branch	2017501	1550985	1128626	367674
长春分院 Changchun Branch	1437851	1379707	684045	679151
上海分院 Shanghai Branch	3461426	2833721	2043871	636573
南京分院 Nanjing Branch	752653	722438	404186	225601
合肥地区 Hefei Area	900509	632200	348485	274989
武汉分院 Wuhan Branch	569095	457588	280463	171162
广州分院 Guangzhou Branch	856080	703960	463661	170148

活动收入(2009 年)

CAS Research Institutions: 2009

(thousand yuan)

地方政府资金 Funds from local government	技术性收入 Technical income	其中:来自企业 Of which: From enterprises	国外资金 Funds from abroad	用于科技活动的贷款 Loans for S&T activities
656344	**2325798**	**837051**	**222981**	**329422**
169530	837908	293656	68874	10000
55412	323492	99749	44303	4322
15444	31702	12378	6309	210900
108253	461312	210670	76450	70000
92509	17363	5874	1361	
8726	208677	2413	3624	261
50922	83953	35248	4412	417
89912	104951	93579	593	

地区及学科 Region and field	科技活动 收 入 Total income of S&T activities	政府资金 Government funds	财政补助 收 入 Income from government subsidy	承担政府 科研项目 收 入 Income from undertaking government research projects
成都分院 Chengdu Branch	789031	672679	373846	272964
昆明分院 Kunming Branch	558766	391974	297025	72030
西安分院 Xi'an Branch	450533	423051	212398	206364
兰州分院 Lanzhou Branch	659833	599758	491774	39193
新疆分院 Xinjiang Branch	206770	195993	132098	43641
二、按学科分 By field				
数学、物理 Mathematics & physics	4166947	3570825	2396736	1107326
化学与化工 Chemistry & chemical engineering	3249640	2544742	1691154	727717
地学 Earth sciences	2951362	2545867	1650614	630860
生物学 Biological sciences	3750350	3168566	2135150	883873
技术科学 Technological sciences	6690497	5502295	2988200	2358152
其他 Others	75883	69863	64280	5499

地方政府资金 Funds from local government	技术性收入 Technical income	其中：来自企业 Of which: From enterprises	国外资金 Funds from abroad	用于科技活动的贷款 Loans for S&T activities
23981	80994	20950	914	
8029	84813	13678	13559	10764
932	23288	7137		22504
8837	58149	35951	1828	
23857	9196	5768	754	254
77580	503579	114012	14017	10261
132435	572598	353254	58930	
196866	266494	100466	29393	254
120108	331465	124605	99919	81181
124096	649112	143193	20084	237726
5259	2550	1521	638	

地区及学科 Region and field	科技活动 收　入 Total income of S&T activities	政府资金 Government funds	财政补助 收　入 Income from government subsidy	承担政府 科研项目 收　入 Income from undertaking government research projects
三、按科研单位分 By institute				
北京市 Beijing	8224631	6838104	4065656	2553937
数学与系统科学研究院 Academy of Mathematics and Systems Science	117945	112042	89831	22211
物理研究所 Inst. of Physics	368483	357480	185735	163664
声学研究所 Inst. of Acoustics	306382	257853	130083	124154
理论物理研究所 Inst. of Theoretical Physics	29431	29090	20005	8547
高能物理研究所 Inst. of High Energy Physics	411539	401188	298641	72392
国家天文台 National Astronomical Observatories of China	396905	355468	240139	111855
力学研究所 Inst. of Mechanics	195862	146685	111055	34254
理化技术研究所 Technical Inst. of Physics and Chemistry	228792	184983	137763	45287
化学研究所 Inst. of Chemistry	344312	313353	154371	157224
生态环境研究中心 Research Center for Eco-Environmental Sciences	279505	220573	91163	120280
国家纳米科学中心 National Center for Nano Science and Technology of China	83972	79305	50194	29111
过程工程研究所 Inst. of Process Engineering	259301	213378	119358	86176

续表 6-3

地方政府资金 Funds from local government	技术性收 入 Technical income	其中: 来自企业 Of which: From enterprises	国外资金 Funds from abroad	用于科技活动的贷款 Loans for S&T activities
169530	837908	293656	68874	10000
1790	5903	266		
1648	9648	19	1124	
2741	45582	27877	1985	
538	254		87	
	1235		3296	
	39066		748	
352	49052	29083		
3765	40972	22274	717	10000
2316	9569	9569		
9130	54162	28707	3804	
	3840	3840	827	
7150	41496	33209	2109	

地区及学科 Region and field	科技活动收入 Total income of S&T activities	政府资金 Government funds		
			财政补助收入 Income from government subsidy	承担政府科研项目收入 Income from undertaking government research projects
遥感应用研究所 Inst. of Remote Sensing Application	149063	98991	46627	43233
地理科学与资源研究所 Inst. of Geographic Sciences and Natural Resources Research	270805	227255	81904	93162
青藏高原研究所 Inst. of Qinghai-Tibet Plateau	67895	62856	38420	24001
古脊椎动物与古人类研究所 Inst. of Vertebrate Paleontology and Paleoanthropology	44676	41646	28700	8004
地质与地球物理研究所 Inst. of Geology and Geophysics	308382	197077	147842	49218
大气物理研究所 Inst. of Atmospheric Physics	216470	180825	106647	71567
植物研究所 Inst. of Botany	215348	184322	123914	52944
动物研究所 Inst. of Zoology	186402	169095	103721	65374
心理研究所 Inst. of Psychology	76941	48702	29886	18816
微生物研究所 Inst. of Microbiology	143921	129579	92812	36767
生物物理研究所 Inst. of Biophysics	254564	229232	119640	99100
遗传与发育生物学研究所 Inst. of Genetics and Developmental Biology	264793	264224	162718	96728
北京基因组研究所 Beijing Inst. of Genomics	74843	70667	56427	13234

续表 6-3

地方政府资金 Funds from local government	技术性收入 Technical income	其中：来自企业 Of which: From enterprises	国外资金 Funds from abroad	用于科技活动的贷款 Loans for S&T activities
9131	49760	6080	302	
43486	28629	5591	14921	
399	337	212	4702	
6968	2743			
30	13836	5920	99	
2198	31720		3849	
1858	20955	3946	2106	
13074	15632	6252	1675	
	26453			
468	8467	3512	3094	
810	19332	3551		
940			569	
569	2702	181	900	

地区及学科 Region and field	科技活动收入 Total income of S&T activities	政府资金 Government funds	财政补助收入 Income from government subsidy	承担政府科研项目收入 Income from undertaking government research projects
计算技术研究所 Inst. of Computing Technology	412128	347705	145063	196535
软件研究所 Inst. of Software	239238	202832	74430	127344
半导体研究所 Inst. of Semiconductors	224698	206449	109144	96303
微电子研究所 Inst. of Microelectronics	160554	140287	102208	36074
电子学研究所 Inst. of Electronics	502527	359949	142859	217032
自动化研究所 Inst. of Automation	198673	91774	69329	
光电研究院 Institutes of Optoelectronics	108258	65213	65184	
电工研究所 Inst. of Electrical Engineering	162077	137652	77681	39786
工程热物理研究所 Inst. of Engineering Thermophysics	135339	117199	97059	18100
空间科学与应用研究中心 Center for Space Science and Applied Research	322396	311214	174979	134783
对地观测与数字地球科学中心 Center for Earth Observation and Digital Earth	197354	102572	83264	19295
自然科学史研究所 Inst. of History of Natural Sciences	17731	15272	15158	30

续表 6-3

地方政府资金 Funds from local government	技术性收入 Technical income	其中:来自企业 Of which: From enterprises	国外资金 Funds from abroad	用于科技活动的贷款 Loans for S&T activities
6043	36685	27181	3726	
1058	8576	7095	615	
1185	8958	400		
803	20267	300		
	21731			
22445	35119	6553	2635	
20185	22148	22148	2277	
1660	13166	13166	4974	
	9476	3464		
951	65551			
	1049	20		

地区及学科 Region and field	科技活动收入 Total income of S&T activities	政府资金 Government funds	财政补助收入 Income from government subsidy	承担政府科研项目收入 Income from undertaking government research projects
科技政策与管理科学研究所 Inst. of Policy and Management	58152	54591	49122	5469
山西煤炭化学研究所 Shanxi Inst. of Coal Chemistry	188974	109526	92580	15883
辽宁省、山东省 Liaoning and Shandong Provinces	2017501	1550985	1128626	367674
大连化学物理研究所 Dalian Inst. of Chemical Physics	475695	343695	219143	124522
沈阳应用生态研究所 Shenyang Inst. of Applied Ecology	111955	96824	66928	23791
沈阳自动化研究所 Shenyang Inst. of Automation	281627	138341	85949	48398
金属研究所 Inst. of Metals Research	469443	331844	238125	86263
海洋研究所 Inst. of Oceanology	419759	392950	293967	75814
青岛生物能源与过程研究所 Qingdao Inst. of Bioenergy and Bioprocess Technology	133865	123858	110969	6968
烟台海岸带研究所 Yantai Inst. of Coastal Zone Research	125157	123473	113545	1918
吉林省 Jilin Province	1437851	1379707	684045	679151
长春应用化学研究所 Changchun Inst. of Applied Chemistry	350826	315519	236204	68777
东北地理与农业生态研究所 Northeast Inst. of Geography and Agricultural Ecology	91370	86738	67742	13862

续表 6-3

地方政府资金 Funds from local government	技术性收入 Technical income	其中：来自企业 Of which: From enterprises	国外资金 Funds from abroad	用于科技活动的贷款 Loans for S&T activities
5259	1501	1501	638	
580	72336	21739	7095	
55412	323492	99749	44303	4322
11152	91919	91919	32112	
4570	13573	2507	1074	
3994	139004			
5120	47830	3154	4529	4322
22326	22871		3351	
240	6770	2169	3237	
8010	1525			
15444	31702	12378	6309	210900
10538	26617	10468	6200	
4544	3989	1910	109	

地区及学科 Region and field	科技活动收入 Total income of S&T activities	政府资金 Government funds	财政补助收入 Income from government subsidy	承担政府科研项目收入 Income from undertaking government research projects
长春光学精密机械与物理研究所 Changchun Inst. of Optics, Fine Mechanics and Physics	995655	977450	380099	596512
上海市、福建省、浙江省 Shanghai, Fujian Province, and Zhejiang Province	3461426	2833721	2043871	636573
上海应用物理研究所 Shanghai Inst. of Applied Physics	264341	247407	234762	10772
上海天文台 Shanghai Observatory	131301	106736	76359	26908
上海硅酸盐研究所 Shanghai Inst. of Ceramics	435325	235374	191873	28124
上海有机化学研究所 Shanghai Inst. of Organic Chemistry	261623	195123	158980	28211
上海药物研究所 Shanghai Inst. of Materia Medica	291255	185027	121470	49991
上海生命科学院 Shanghai Institutes for Biological Sciences	734752	664314	458772	168253
上海微系统与信息技术研究所 Shanghai Inst. of Microsystem and Information Technology	321259	274384	207396	55703
上海光学精密机械研究所 Shanghai Inst. of Optics and Fine Mechanics	310853	246680	191343	50454
上海技术物理研究所 Shanghai Inst. of Technical Physics	369198	351274	168939	171304

续表 6-3

地方政府资金 Funds from local government	技术性收入 Technical income	其中：来自企业 Of which: From enterprises	国外资金 Funds from abroad	用于科技活动的贷款 Loans for S&T activities
362	1096			210900
108253	461312	210670	76450	70000
1873	16934	1462		
3469	22613			
15377	168832	65847	5944	
7932	53043	53043	510	
11693	51773	48850	45546	
37289	35598	22140	23138	70000
10808	18375	13747	1136	
3335	62603	4028	176	
11031	17924	836		

地区及学科 Region and field	科技活动收入 Total income of S&T activities	政府资金 Government funds	财政补助收入 Income from government subsidy	承担政府科研项目收入 Income from undertaking government research projects
福建物质结构研究所 Fujian Inst. of Research on the Structure of Matter	161331	161082	117802	39582
宁波材料技术与工程研究所 Ningbo Inst. of Material Technology and Engineering	123335	110345	63660	3811
城市环境研究所 Inst. of Urban Environment	56853	55975	52515	3460
江苏省 Jiangsu Province	752653	722438	404186	225601
紫金山天文台 Purple Mountain Observatory	188829	174670	88231	86106
南京地理与湖泊研究所 Nanjing Inst. of Geography and Limnology	119600	115733	50007	42636
南京地质古生物研究所 Nanjing Inst. of Geology and Palaeontology	82934	80874	54987	25887
南京土壤研究所 Nanjing Inst. of Soil Science	154353	148927	89901	55002
苏州纳米技术与纳米仿生研究所 Suzhou Inst. of Nano-tech and Nano-bionics	206937	202234	121060	15970
安徽省 Anhui Province	900509	632200	348485	274989
合肥物质科学研究院 Hefei Institutes of Physical Sciences	900509	632200	348485	274989
湖北省 Hubei Province	569095	457588	280463	171162
武汉物理与数学研究所 Wuhan Inst. of Physics and Mathematics	101425	93839	61176	32483

续表 6-3

地方政府资金 Funds from local government	技术性收 入 Technical income	其中:来自企业 Of which: From enterprises	国外资金 Funds from abroad	用于科技活动的贷款 Loans for S&T activities
	249	155		
3779	12490	527		
1667	878	35		
92509	17363	5874	1361	
333	8058			
22349	1135	728		
1200	523			
3423	2944	1335	1361	
65204	4703	3811		
8726	208677	2413	3624	261
8726	208677	2413	3624	261
50922	83953	35248	4412	417
55	4830	2103		

地区及学科 Region and field	科技活动收入 Total income of S&T activities	政府资金 Government funds		
			财政补助收入 Income from government subsidy	承担政府科研项目收入 Income from undertaking government research projects
武汉岩土力学研究所 Wuhan Inst. of Rock and Soil Mechanics	149062	115145	54344	60801
测量与地球物理研究所 Inst. of Geodesy and Geophysics	33150	30086	23157	6240
武汉植物园 Wuhan Botanical Garden	58817	33230	30263	2769
水生生物研究所 Inst. of Hydrobiology	136152	98814	62882	32022
武汉病毒研究所 Wuhan Inst. of Virology	90489	86474	48641	36847
广东省、湖南省 Guangdong and Hunan Provinces	856080	703960	463661	170148
广州地球化学研究所 Guangzhou Inst. of Geochemistry	160916	138044	88265	34035
南海海洋研究所 South China Sea Inst. of Oceanology	208581	151403	92596	40555
华南植物园 South China Botanical Garden	105659	95400	79125	16275
广州生物医药与健康研究院 Guangzhou Institutes of Biomedicine and Health	95109	93955	47559	22596
广州能源研究所 Guangzhou Inst. of Energy Conversion	119815	67920	41194	14370
亚热带农业生态研究所 Inst. of Subtropical Agriculture	41567	40645	23749	16896

续表 6-3

地方政府资金 Funds from local government	技术性收入 Technical income	其中：来自企业 Of which: From enterprises	国外资金 Funds from abroad	用于科技活动的贷款 Loans for S&T activities
45398	32828	23704	1088	
679	846	655		
	6457	1871	2756	
3910	37090	5925	248	340
880	1902	990	320	77
89912	104951	93579	593	
15744	22809	22672	63	
17296	56876	46743	302	
	262			
23800	1154	473		
12356	15300	15141	16	
3056	710	710	212	

地区及学科 Region and field	科技活动收入 Total income of S&T activities	政府资金 Government funds	财政补助收入 Income from government subsidy	承担政府科研项目收入 Income from undertaking government research projects
深圳先进技术研究院 Shenzhen Institutes of Advanced Technology	124433	116593	91173	25421
四川省 Sichuan Province	789031	672679	373846	272964
成都山地灾害与环境研究所 Chengdu Inst. of Mountain Hazards and Environment	106664	97075	49742	28201
成都生物研究所 Chengdu Inst. of Biology	91173	70753	54388	10292
光电技术研究所 Inst. of Optics and Electronics	591194	504851	269716	234471
云南省、贵州省 Yunnan and Guizhou Provinces	558766	391974	297025	72030
地球化学研究所 Inst. of Geochemistry	118050	98792	74058	22483
昆明植物研究所 Kunming Inst. of Botany	234475	129981	97596	21075
西双版纳热带植物园 Xishuangbanna Tropical Botanical Garden	96103	59741	53539	4095
昆明动物研究所 Kunming Inst. of Zoology	110138	103460	71832	24377
陕西省 Shaanxi Province	450533	423051	212398	206364
地球环境研究所 Inst. of Earth Environment	52651	52651	34929	17722
西安光学精密机械研究所 Xi'an Inst. of Optics and Precision Mechanics	320443	299767	109406	186193

续表 6-3

地方政府资金 Funds from local government	技术性收入 Technical income	其中:来自企业 Of which: From enterprises	国外资金 Funds from abroad	用于科技活动的贷款 Loans for S&T activities
17660	7840	7840		
23981	80994	20950	914	
18703	7223	6139	613	
4664	5280	3661	301	
614	68491	11150		
8029	84813	13678	13559	10764
2251	16585	460	328	
4224	25433	9293	13140	4578
633	36167	46	41	5307
921	6628	3879	50	879
932	23288	7137		22504
707	16482	6463		22504

地区及学科 Region and field	科技活动收入 Total income of S&T activities	政府资金 Government funds	财政补助收入 Income from government subsidy	承担政府科研项目收入 Income from undertaking government research projects
国家授时中心 National Time Service Center	77439	70633	68063	2449
甘肃省、青海省 Gansu and Qinghai Provinces	659833	599758	491774	39193
近代物理研究所 Inst. of Modern Physics	221428	213946	195383	15675
兰州化学物理研究所 Lanzhou Inst. of Chemical Physics	151238	119220	107115	10959
寒区旱区环境与工程研究所 Cold and Arid Regions Environmental and Engineering Research Inst.	188890	188890	129547	
青海盐湖研究所 Qinghai Inst. of Saline Lakes	50601	36360	31311	2898
西北高原生物研究所 Northwest Inst. of Plateau Biology	47676	41342	28418	9661
新疆维吾尔自治区 Xinjiang Uygur Autonomous Region	206770	195993	132098	43641
新疆理化技术研究所 Xinjiang Technical Inst. of Physics and Chemistry	77274	71460	56681	14779
新疆生态与地理研究所 Xinjiang Inst. of Ecology and Geography	129496	124533	75417	28862

注：1. 表 6-3 与表 6-4 为国家科学技术部《科技统计年报》统计口径。

Note: Table 6-3, 6-4 is based on the specifications of the *S&T Statistical Yearbook* of the Ministry of Science and

2. 表 6-3 与表 6-4 中山西煤炭化学研究所合并到北京分院(筹)。

In Table 6-3 and Table 6-4, Shanxi Inst. of Coal Chemistry has been merged into the jurisdiction of Beijing

续表 6-3

地方政府资金 Funds from local government	技术性收入 Technical income	其中: 来自企业 Of which: From enterprises	国外资金 Funds from abroad	用于科技活动的贷款 Loans for S&T activities
225	6806	674		
8837	58149	35951	1828	
2695	6134	1690	1348	
1146	31591	26560	329	
1910	14241	4387		
3086	6183	3314	151	
23857	9196	5768	754	254
3972	4987	2447		
19885	4209	3321	754	254

Technology.

Branch.

6-4 科研机构科技活动经费内部支出情况(2009年)

Total Internal Expenditure of S&T Activities in CAS Research Institutions: 2009

单位：千元 (thousand yuan)

地区及学科 Region and field	科研活动经费内部支出合计 Total internal expenditure for scientific research activities	人员费用 Personnel cost	设备购置费 Expenditure for purchasing equipment	其他日常支出 Other daily expenditure
总计 **Total**	**17838943**	**4374276**	**3951486**	**9513181**
一、按地区、分院分 By region and branch				
北京分院(筹) Beijing Branch	7510585	1798202	1712374	4000009
沈阳分院 Shenyang Branch	1721532	399069	395686	926777
长春分院 Changchun Branch	1218861	209261	185638	823962
上海分院 Shanghai Branch	3111376	864555	781192	1465629
南京分院 Nanjing Branch	517362	125959	152354	239049
合肥地区 Hefei Area	420915	114593	74922	231400
武汉分院 Wuhan Branch	439388	140532	65851	233005
广州分院 Guangzhou Branch	752957	232541	112802	407614
成都分院 Chengdu Branch	546101	126466	87686	331949
昆明分院 Kunming Branch	404571	109794	79044	215733
西安分院 Xi’an Branch	431328	87159	69182	274987
兰州分院 Lanzhou Branch	607934	121594	189321	297019
新疆分院 Xinjiang Branch	156033	44551	45434	66048
二、按学科分 By field				
数学、物理 Mathematics & physics	3541056	903797	965597	1671662
化学与化工 Chemistry & chemical engineering	2575182	637540	777387	1160255
地学 Earth sciences	2525710	642697	499439	1383574
生物学 Biological sciences	3296423	938381	709343	1648699
技术科学 Technological sciences	5827597	1233178	996031	3598388
其他 Others	72975	18683	3689	50603

地区及学科 Region and field	科研活动经费内部支出 合 计 Total internal expenditure for scientific research activities	人员费用 Personnel cost	设备购置费 Expenditure for purchasing equipment	其他日常支出 Other daily expenditure
三、按科研单位分 By institute				
北京市 Beijing	7510585	1798202	1712374	4000009
数学与系统科学研究院 Academy of Mathematics and Systems Science	119459	49269	11804	58386
物理研究所 Inst. of Physics	298625	59008	125187	114430
声学研究所 Inst. of Acoustics	297963	69387	70454	158122
理论物理研究所 Inst. of Theoretical Physics	26456	11160	1762	13534
高能物理研究所 Inst. of High Energy Physics	395501	105042	100100	190359
国家天文台 National Astronomical Observatories of China	463897	104715	127178	232004
力学研究所 Inst. of Mechanics	182595	39264	26657	116674
理化技术研究所 Technical Inst. of Physics and Chemistry	206573	54998	48289	103286
化学研究所 Inst. of Chemistry	215038	47099	75745	92194
生态环境研究中心 Research Center for Eco-Environmental Sciences	190289	47437	43265	99587
国家纳米科学中心 National Center for Nano Science and Technology of China	83972	12331	26410	45231
过程工程研究所 Inst. of Process Engineering	214099	41335	65274	107490
遥感应用研究所 Inst. of Remote Sensing Application	128024	38627	10045	79352
地理科学与资源研究所 Inst. of Geographic Sciences and Natural Resources Research	293250	92227	25064	175959
青藏高原研究所 Inst. of Qinghai-Tibet Plateau	72659	11260	19922	41477
古脊椎动物与古人类研究所 Inst. of Vertebrate Paleontology and Paleoanthropology	39509	14345	6400	18764
地质与地球物理研究所 Inst. of Geology and Geophysics	278874	66685	42636	169553
大气物理研究所 Inst. of Atmospheric Physics	210431	48994	60676	100761
植物研究所 Inst. of Botany	195628	59475	32213	103940
动物研究所 Inst. of Zoology	189941	40236	36162	113543

地区及学科 Region and field	科研活动经费内部支出合计 Total internal expenditure for scientific research activities	人员费用 Personnel cost	设备购置费 Expenditure for purchasing equipment	其他日常支出 Other daily expenditure
心理研究所 Inst. of Psychology	73805	27872	6694	39239
微生物研究所 Inst. of Microbiology	149166	76904	22721	49541
生物物理研究所 Inst. of Biophysics	315876	45386	145555	124935
遗传与发育生物学研究所 Inst. of Genetics and Developmental Biology	285823	44091	31086	210646
北京基因组研究所 Beijing Inst. of Genomics	103899	15363	53154	35382
计算技术研究所 Inst. of Computing Technology	309309	102291	41394	165624
软件研究所 Inst. of Software	151420	48426	22401	80593
半导体研究所 Inst. of Semiconductors	242235	54004	50622	137609
微电子研究所 Inst. of Microelectronics	119481	29011	34164	56306
电子学研究所 Inst. of Electronics	381898	81292	43344	257262
自动化研究所 Inst. of Automation	203611	12899	36489	154223
光电研究院 Institutes of Optoelectronics	140802	33997	44321	62484
电工研究所 Inst. of Electrical Engineering	141219	34943	13625	92651
工程热物理研究所 Inst. of Engineering Thermophysics	91565	20649	37014	33902
空间科学与应用研究中心 Center for Space Science and Applied Research	303957	63902	55602	184453
对地观测与数字地球科学中心 Center for Earth Observation and Digital Earth	171813	35093	45427	91293
自然科学史研究所 Inst. of History of Natural Sciences	18280	6561	2170	9549
科技政策与管理科学研究所 Inst. of Policy and Management	54695	12122	1519	41054
山西煤炭化学研究所 Shanxi Inst. of Coal Chemistry	148948	40502	69829	38617
辽宁省、山东省 Liaoning and Shandong Provinces	1721532	399069	395686	926777
大连化学物理研究所 Dalian Inst. of Chemical Physics	461635	89709	130265	241661
沈阳应用生态研究所 Shenyang Inst. of Applied Ecology	97665	44952	10944	41769
沈阳自动化研究所 Shenyang Inst. of Automation	316359	52840	29038	234481

地区及学科 Region and field	科研活动经费内部支出合计 Total internal expenditure for scientific research activities	人员费用 Personnel cost	设备购置费 Expenditure for purchasing equipment	其他日常支出 Other daily expenditure
金属研究所 Inst. of Metals Research	396381	105524	48100	242757
海洋研究所 Inst. of Oceanology	312448	82587	100562	129299
青岛生物能源与过程研究所 Qingdao Inst. of Bioenergy and Bioprocess Technology	93526	15220	54319	23987
烟台海岸带研究所 Yantai Inst. of Coastal Zone Research	43518	8237	22458	12823
吉林省 Jilin Province	1218861	209261	185638	823962
长春应用化学研究所 Changchun Inst. of Applied Chemistry	244051	75766	68928	99357
东北地理与农业生态研究所 Northeast Inst. of Geography and Agricultural Ecology	60850	23085	8845	28920
长春光学精密机械与物理研究所 Changchun Inst. of Optics，Fine Mechanics and Physics	913960	110410	107865	695685
上海市、福建省、浙江省 Shanghai,Fujian Province,and Zhejiang Province	3111376	864555	781192	1465629
上海应用物理研究所 Shanghai Inst. of Applied Physics	344317	77426	157581	109310
上海天文台 Shanghai Observatory	148136	34899	27638	85599
上海硅酸盐研究所 Shanghai Inst. of Ceramics	337808	76340	70439	191029
上海有机化学研究所 Shanghai Inst. of Organic Chemistry	198518	82223	35920	80375
上海药物研究所 Shanghai Inst. of Materia Medica	204412	66026	45734	92652
上海生命科学研究院 Shanghai Institutes for Biological Sciences	594220	209514	137675	247031
上海微系统与信息技术研究所 Shanghai Inst. of Microsystem and Information Technology	277047	65668	49140	162239
上海光学精密机械研究所 Shanghai Inst. of Optics and Fine Mechanics	305771	70494	75031	160246
上海技术物理研究所 Shanghai Inst. of Technical Physics	372832	94401	53367	225064
福建物质结构研究所 Fujian Inst. of Research on the Structure of Matter	170396	58434	55261	56701
宁波材料技术与工程研究所 Ningbo Inst. of Material Technology and Engineering	95529	21074	43718	30737
城市环境研究所 Inst. of Urban Environment	62390	8056	29688	24646
江苏省 Jiangsu Province	517362	125959	152354	239049
紫金山天文台 Purple Mountain Observatory	84427	34964	28071	21392

地区及学科 Region and field	科研活动经费内部支出合计 Total internal expenditure for scientific research activities	人员费用 Personnel cost	设备购置费 Expenditure for purchasing equipment	其他日常支出 Other daily expenditure
南京地理与湖泊研究所 Nanjing Inst. of Geography and Limnology	103467	19937	16005	67525
南京地质古生物研究所 Nanjing Inst. of Geology and Palaeontology	88316	22562	12680	53074
南京土壤研究所 Nanjing Inst. of Soil Science	109034	30597	12837	65600
苏州纳米技术与纳米仿生研究所 Suzhou Inst. of Nano-tech and Nano-bionics	132118	17899	82761	31458
安徽省 Anhui Province	420915	114593	74922	231400
合肥物质科学研究院 Hefei Institutes of Physical Sciences	420915	114593	74922	231400
湖北省 Hubei Province	439388	140532	65851	233005
武汉物理与数学研究所 Wuhan Inst. of Physics and Mathematics	66771	20194	22821	23756
武汉岩土力学研究所 Wuhan Inst. of Rock and Soil Mechanics	105495	45650	7912	51933
测量与地球物理研究所 Inst. of Geodesy and Geophysics	28293	10933	3684	13676
武汉植物园 Wuhan Botanical Garden	65858	18536	6862	40460
水生生物研究所 Inst. of Hydrobiology	108959	30599	10335	68025
武汉病毒研究所 Wuhan Inst. of Virology	64012	14620	14237	35155
广东省、湖南省 Guangdong and Hunan Provinces	752957	232541	112802	407614
广州地球化学研究所 Guangzhou Inst. of Geochemistry	125373	39353	24507	61513
南海海洋研究所 South China Sea Inst. of Oceanology	191353	49520	19526	122307
华南植物园 South China Botanical Garden	113882	37806	7579	68497
广州能源研究所 Guangzhou Inst. of Energy Conversion	66798	22552	5223	39023
亚热带农业生态研究所 Inst. of Subtropical Agriculture	36645	11922	3724	20999
广州生物医药与健康研究院 Guangzhou Institutes of Biomedicine and Health	86209	27530	7290	51389
深圳先进技术研究院 Shenzhen Institutes of Advanced Technology	132697	43858	44953	43886
四川省 Sichuan Province	546101	126466	87686	331949
成都山地灾害与环境研究所 Chengdu Inst. of Mountain Hazards and Environment	76512	20579	6431	49502

地区及学科 Region and field	科研活动经费内部支出合计 Total internal expenditure for scientific research activities	人员费用 Personnel cost	设备购置费 Expenditure for purchasing equipment	其他日常支出 Other daily expenditure
成都生物研究所 Chengdu Inst. of Biology	61818	23878	8277	29663
光电技术研究所 Inst. of Optics and Electronics	407771	82009	72978	252784
云南省、贵州省 Yunnan and Guizhou Provinces	404571	109794	79044	215733
地球化学研究所 Inst. of Geochemistry	103872	23608	25683	54581
昆明植物研究所 Kunming Inst. of Botany	119923	33426	14951	71546
西双版纳热带植物园 Xishuangbanna Tropical Botanical Garden	80353	31270	21231	27852
昆明动物研究所 Kunming Inst. of Zoology	100423	21490	17179	61754
陕西省 Shaanxi Province	431328	87159	69182	274987
地球环境研究所 Inst. of Earth Environment	56706	8176	9259	39271
西安光学精密机械研究所 Xi'an Inst. of Optics and Precision Mechanics	285142	47841	42215	195086
国家授时中心 National Time Service Center	89480	31142	17708	40630
甘肃省、青海省 Gansu and Qinghai Provinces	607934	121594	189321	297019
近代物理研究所 Inst. of Modern Physics	230287	37469	88926	103892
兰州化学物理研究所 Lanzhou Inst. of Chemical Physics	136674	31766	39302	65606
寒区旱区环境与工程研究所 Cold and Arid Regions Environmental and Engineering Research Inst.	153991	23992	38521	91478
青海盐湖研究所 Qinghai Inst. of Saline Lakes	41636	16699	13988	10949
西北高原生物研究所 Northwest Inst. of Plateau Biology	45346	11668	8584	25094
新疆维吾尔自治区 Xinjiang Uygur Autonomous Region	156033	44551	45434	66048
新疆理化技术研究所 Xinjiang Technical Inst. of Physics and Chemistry	60159	14617	28587	16955
新疆生态与地理研究所 Xinjiang Inst. of Ecology and Geography	95874	29934	16847	49093

注：科技活动经费内部支出不包括本机构委托外单位或与外单位合作而拨给对方的经费。

Note: The total internal expenditure of S&T activities does not include the funds allocated by the institution to other units for cooperation.

6-5 科研机构基本建设投资完成情况(2009 年)

Capital Construction Expenditure in CAS Research Institutions: 2009

单位：千元 (thousand yuan)

地区及学科 Region and field	基本建设投资实际完成额 Actual expenditure in capital construction investment	科研仪器设备 Scientific research instruments and equipment	科研土建工程 Civil engineering projects for scientific research	生产经营土建与设备 Civil engineering for production, operation and equipment	生活土建与设备 Civil engineering for living and equipment
总　计 **Total**	**3540260**	**1259670**	**1944515**		**336075**
一、按地区、分院分 By region and branch					
北京分院(筹) Beijing Branch	1432427	437152	844568		150707
沈阳分院 Shenyang Branch	448603	275165	171273		2165
长春分院 Changchun Branch	155158	86096	68792		270
上海分院 Shanghai Branch	454484	153644	299220		1620
南京分院 Nanjing Branch	68921	890	66951		1080
合肥地区 Hefei Area	166271	20125	22762		123384
武汉分院 Wuhan Branch	48311	16916	31395		
广州分院 Guangzhou Branch	359345	6901	314444		38000
成都分院 Chengdu Branch	33577	9988	23589		

续表 6-5

地区及学科 Region and field	基本建设投资实际完成额 Actual expenditure in capital construction investment	科研仪器设备 Scientific research instruments and equipment	科研土建工程 Civil engineering projects for scientific research	生产经营土建与设备 Civil engineering for production, operation and equipment	生活土建与设备 Civil engineering for living and equipment
昆明分院 Kunming Branch	195019	147378	47101		540
西安分院 Xi'an Branch	50819	11571	21509		17739
兰州分院 Lanzhou Branch	106283	92885	12828		570
新疆分院 Xinjiang Branch	21042	959	20083		
二、按学科分 By field					
数学、物理 Mathematics & physics	504854	190296	189254		125304
化学与化工 Chemistry & chemical engineering	515957	128005	385427		2525
地学 Earth sciences	776250	495769	130819		149662
生物学 Biological sciences	437631	73572	362169		1890
技术科学 Technological sciences	1288409	372028	859687		56694
其他 Others	17159		17159		

6-6 科研机构科研仪器

Original Value of Scientific Equipment and

单位：千元

地区、学科及科研单位 Region，field and research institution	合计 Total				
	总额(千元) Total value (thousand yuan)	100千元以上 Above 100 (thousand yuan)	100千元以上台(套)数 Over 100 thousand yuan (set)	其中：进口(千元) Of which: Imported (thousand yuan)	100千元以上 Above 100 (thousand yuan)
总计 Total	**18189455**	**13250995**	**25665**	**10080236**	**8553734**
一、按地区、分院分 By region and branch					
北京分院(筹) Beijing Branch	7643552	5448088	10086	4091433	3518618
沈阳分院 Shenyang Branch	1567274	1213748	2391	870634	793875
长春分院 Changchun Branch	1026589	663154	1168	462273	395364
上海分院 Shanghai Branch	3477466	2631357	5319	2371031	1991505
南京分院 Nanjing Branch	473745	327095	788	270602	238689
合肥地区 Hefei Area	675132	543130	768	206525	185768
武汉分院 Wuhan Branch	417585	277544	562	285246	155262
广州分院 Guangzhou Branch	523505	398357	693	338451	294868
成都分院 Chengdu Branch	423946	316893	621	264650	234579
昆明分院 Kunming Branch	298347	185129	405	200105	154931
西安分院 Xi'an Branch	439330	353084	663	236380	193897
兰州分院 Lanzhou Branch	1110870	823428	2006	430311	350611
新疆分院 Xinjiang Branch	112114	69988	195	52595	45767

设备原值情况(2009 年)

Instrumentation in CAS Research Institutions: 2009

(thousand yuan)

其中: 20 世纪 90 年代制造 Of which: Made in the 1990s				其中: 2000 年及以后制造 Of which: Made after 2000			
总 额 (千元) Total value (thousand yuan)	100 千元以上 Above 100 (thousand yuan)	其中: 进口 (千元) Of which: Imported (thousand yuan)	100 千元以上 Above 100 (thousand yuan)	总 额 (千元) Total value (thousand yuan)	100 千元以上 Above 100 (thousand yuan)	其中: 进口 (千元) Of which: Imported (thousand yuan)	100 千元以上 Above 100 (thousand yuan)
1864666	**1444383**	**1198819**	**1054527**	**15630467**	**11415619**	**8588444**	**7278940**
848749	654404	529065	475971	6575567	4657654	3463879	2957729
141454	110996	98619	84541	1390682	1075633	745004	687564
70565	49814	40707	37529	898525	592079	371218	337794
369024	283132	296160	252730	2912018	2305289	2046355	1714992
32679	23914	21468	18424	433578	298260	243651	216938
117128	109267	30232	28621	531084	419721	173975	155129
43762	32608	32228	30595	366961	241201	248776	121212
32928	27132	28976	24879	451027	328996	299762	257316
41874	28273	26683	21838	372219	286010	234216	210891
32651	21687	21557	17652	261066	131775	143764	112724
34994	27480	24858	22502	379144	309557	206521	168219
90432	70150	43263	34876	958667	707525	366882	299577
8426	5526	5003	4369	99929	61919	44441	38855

地区、学科及科研单位 Region, field and research institution	合 计 Total				
	总 额 (千元) Total value (thousand yuan)	100 千元以上 Above 100 (thousand yuan)	100 千元以上台(套)数 Over 100 thousand yuan (set)	其中: 进口 (千元) Of which: Imported (thousand yuan)	100 千元以上 Above 100 (thousand yuan)
二、按学科分 By field					
数学、物理 Mathematics & physics	4844155	3670511	6337	1912282	1581768
化学与化工 Chemistry & chemical engineering	2849927	2148566	4579	1812783	1657439
地学 Earth sciences	2275807	1526244	3153	1202737	1070532
生物学 Biological sciences	3161922	2017121	4702	2249328	1655555
技术科学 Technological sciences	5038755	3888553	6894	2903106	2588440
其他 Others	18889				
三、按科研单位分 By institute					
北京市 Beijing	7643552	5448088	10086	4091433	3518618
数学与系统科学研究院 Academy of Mathematics and Systems Science	63419	10013	10	5350	5350
物理研究所 Inst. of Physics	596453	487585	738	491066	448572
声学研究所 Inst. of Acoustics	451381	393983	370	119506	102657
理论物理研究所 Inst. of Theoretical Physics	20956	12334	11		
高能物理研究所 Inst. of High Energy Physics	552733	337094	890	199071	143426
国家天文台 National Astronomical Observatories of China	539240	466418	382	132192	127658
力学研究所 Inst. of Mechanics	207306	134998	293	70036	63943
理化技术研究所 Technical Inst. of Physics and Chemistry	206054	141430	345	60590	52610

续表 6-6

其中: 20 世纪 90 年代制造 Of which: Made in the 1990s				其中: 2000 年及以后制造 Of which: Made after 2000			
总　额 (千元) Total value (thousand yuan)	100 千元以上 Above 100 (thousand yuan)	其中: 进口 (千元) Of which: Imported (thousand yuan)	100 千元以上 Above 100 (thousand yuan)	总　额 (千元) Total value (thousand yuan)	100 千元以上 Above 100 (thousand yuan)	其中: 进口 (千元) Of which: Imported (thousand yuan)	100 千元以上 Above 100 (thousand yuan)
478470	369050	208952	174089	4122610	3132743	1630359	1356747
261987	217203	208037	196979	2511691	1889688	1557000	1420511
214499	164953	151548	141263	1992257	1292373	1022364	907847
299651	200282	233050	175885	2692617	1769678	1966120	1424341
609745	492895	397232	366311	4292717	3331137	2412601	2169494
314				18575			
848749	654404	529065	475971	6575567	4657654	3463879	2957729
				63419	8833	5350	5350
56826	46454	46681	42897	523289	429359	430440	394336
13842	9814	11302	8557	433837	383722	105516	93809
				20956	12334		
88053	56662	32733	20384	422796	259778	147806	115057
35619	29175	9248	8348	477141	413327	110698	108169
38290	29913	27225	25163	142230	82812	40137	36682
16554	11427	239	212	175750	129318	60351	52398

地区、学科及科研单位 Region, field and research institution	合 计 Total				
	总 额 (千元) Total value (thousand yuan)	100 千元以上 Above 100 (thousand yuan)	100 千元以上 台(套)数 Over 100 thousand yuan (set)	其中: 进口 (千元) Of which: Imported (thousand yuan)	100 千元以上 Above 100 (thousand yuan)
化学研究所 Inst. of Chemistry	334993	256624	595	237566	221400
生态环境研究中心 Research Center for Eco-Environmental Sciences	179473	110183	319	122085	100116
国家纳米科学中心 National Center for Nano Science and Technology of China	56356	30350	83	32871	29265
过程工程研究所 Inst. of Process Engineering	181224	94236	331	81204	72430
遥感应用研究所 Inst. of Remote Sensing Application	64092	39953	79	17236	16659
地理科学与资源研究所 Inst. of Geographic Sciences and Natural Resources Research	172721	98687	223	74746	71638
青藏高原研究所 Inst. of Qinghai-Tibet Plateau	50478	39601	108	40110	34261
古脊椎动物与古人类研究所 Inst. of Vertebrate Paleontology and Paleoanthropology	22266	8603	18	8827	8603
地质与地球物理研究所 Inst. of Geology and Geophysics	347463	268280	497	234381	219880
大气物理研究所 Inst. of Atmospheric Physics	185496	106863	266	81415	72073
植物研究所 Inst. of Botany	118751	78290	194	94060	73396
动物研究所 Inst. of Zoology	144450	70304	212	111784	64450
心理研究所 Inst. of Psychology	29166	16656	54	16777	14475
微生物研究所 Inst. of Microbiology	146239	81481	258	113401	79671
生物物理研究所 Inst. of Biophysics	324929	260970	357	289289	244587
遗传与发育生物学研究所 Inst. of Genetics and Developmental Biology	228139	132508	371	102525	49865
北京基因组研究所 Beijing Inst. of Genomics	136217	119831	114	106612	99795

其中: 20 世纪 90 年代制造 Of which: Made in the 1990s				其中: 2000 年及以后制造 Of which: Made after 2000			
总额 (千元) Total value (thousand yuan)	100 千元以上 Above 100 (thousand yuan)	其中: 进口 (千元) Of which: Imported (thousand yuan)	100 千元以上 Above 100 (thousand yuan)	总额 (千元) Total value (thousand yuan)	100 千元以上 Above 100 (thousand yuan)	其中: 进口 (千元) Of which: Imported (thousand yuan)	100 千元以上 Above 100 (thousand yuan)
35067	31700	30854	29953	297633	223184	204841	189710
8470	5877	6484	5717	169021	103628	114059	93721
				56356	30350	32871	29265
21963	12967	13169	11306	144665	79250	64235	59105
6009	4976	4292	4214	58063	34976	12943	12445
8738	6231	5229	5229	163836	92456	69517	66409
				50478	39601	40110	34261
2716	660	660	660	17964	6993	7217	6993
54603	51464	49845	48928	282080	210020	178609	167438
15979	4056	2736	2550	167109	90548	77870	68713
11828	9544	9920	8611	106923	68746	84140	54785
20964	14156	17968	12887	119231	55454	90212	50869
2640	2093	1561	1561	26526	14563	15216	12914
14104	7022	12598	7022	131767	74265	100442	72455
18921	17821	12865	11004	294777	236959	270576	220576
9140	2085	1705	1431	218632	130318	100820	48434
766	448	448	448	135451	119383	105920	99347

地区、学科及科研单位 Region, field and research institution	合 计 Total				
	总 额 (千元) Total value (thousand yuan)	100 千元以上 Above 100 (thousand yuan)	100 千元以上台(套)数 Over 100 thousand yuan (set)	其中: 进口 (千元) Of which: Imported (thousand yuan)	100 千元以上 Above 100 (thousand yuan)
计算技术研究所 Inst. of Computing Technology	123554	59217	126	41357	35813
软件研究所 Inst. of Software	62797	20124	75	4874	4314
半导体研究所 Inst. of Semiconductors	430961	376437	520	297407	281549
微电子研究所 Inst. of Microelectronics	252729	223642	313	199917	194394
电子学研究所 Inst. of Electronics	355407	285801	669	203039	177487
自动化研究所 Inst. of Automation	66593	25444	67	14714	14147
光电研究院 Institutes of Optoelectronics	204556	105500	160	135984	78839
电工研究所 Inst. of Electrical Engineering	85207	59437	157	44634	33759
工程热物理研究所 Inst. of Engineering Thermophysics	56731	37887	91	16116	12436
空间科学与应用研究中心 Center for Space Science and Applied Research	238546	156121	289	63851	56863
对地观测与数字地球科学中心 Center for Earth Observation and Digital Earth	250168	213961	237	159710	155375
自然科学史研究所 Inst. of History of Natural Sciences	9359				
科技政策与管理科学研究所 Inst. of Policy and Management	9530				
山西煤炭化学研究所 Shanxi Inst. of Coal Chemistry	137419	87242	264	67130	56862
辽宁省、山东省 Liaoning and Shandong Provinces	1567274	1213748	2391	870634	793875
大连化学物理研究所 Dalian Inst. of Chemical Physics	645334	487499	1029	334678	311486
沈阳应用生态研究所 Shenyang Inst. of Applied Ecology	79255	40753	138	35055	22056

续表 6-6

其中: 20 世纪 90 年代制造 Of which: Made in the 1990s				其中: 2000 年及以后制造 Of which: Made after 2000			
总额 (千元) Total value (thousand yuan)	100 千元以上 Above 100 (thousand yuan)	其中: 进口 (千元) Of which: Imported (thousand yuan)	100 千元以上 Above 100 (thousand yuan)	总额 (千元) Total value (thousand yuan)	100 千元以上 Above 100 (thousand yuan)	其中: 进口 (千元) Of which: Imported (thousand yuan)	100 千元以上 Above 100 (thousand yuan)
5793	2941	2339	1895	114142	56138	38878	33780
670				62127	20124	4874	4314
69848	62229	52919	50072	356124	310178	240900	228426
64454	63781	61566	61287	175654	148406	125911	121652
18321	12765	13092	10557	333459	272224	188398	166307
1462	299			65120	25145	14714	14147
51973	22079	22055	21716	152583	83421	113929	57123
8765	5907	7246	5507	74631	53218	36419	27940
8404	6653	2030	1501	46346	30366	13907	10935
73942	66258	14123	11701	158471	86522	48672	44559
48964	45841	44751	44178	200926	168007	114959	111197
314				9045			
				9530			
14747	11106	11182	10475	117479	73728	52422	44108
141454	110996	98619	84541	1390682	1075633	745004	687564
52101	41739	36114	33321	587583	441004	293199	273409
8411	6697	7377	4187	70563	34056	27602	17869

地区、学科及科研单位 Region，field and research institution	合 计 Total				
	总 额 (千元) Total value (thousand yuan)	100 千元以上 Above 100 (thousand yuan)	100 千元以上台(套)数 Over 100 thousand yuan (set)	其中：进口 (千元) Of which: Imported (thousand yuan)	100 千元以上 Above 100 (thousand yuan)
沈阳自动化研究所 Shenyang Inst. of Automation	117656	87640	183	58142	49177
金属研究所 Inst. of Metals Research	452199	394618	595	268289	261402
海洋研究所 Inst. of Oceanology	198294	158815	366	136552	112790
烟台海岸带研究所 Yantai Inst. of Coastal Zone Research	36734	20619	60	17278	16324
青岛生物能源与过程研究所 Qingdao Inst. of Bioenergy and Bioprocess Technology	37802	23804	20	20640	20640
吉林省 Jilin Province	1026589	663154	1168	462273	395364
长春应用化学研究所 Changchun Inst. of Applied Chemistry	313345	245588	480	233580	204885
东北地理与农业生态研究所 Northeast Inst. of Geography and Agricultural Ecology	266162	117280	100	14563	13866
长春光学精密机械与物理研究所 Changchun Inst. of Optics，Fine Mechanics and Physics	447082	300286	588	214130	176613
上海市、福建省、浙江省 Shanghai,Fujian Province, and Zhejiang Province	3477466	2631357	5319	2371031	1991505
上海应用物理研究所 Shanghai Inst. of Applied Physics	160065	93564	265	62335	53724
上海天文台 Shanghai Observatory	90674	73875	169	39385	34499
上海硅酸盐研究所 Shanghai Inst. of Ceramics	341848	297374	497	231259	223873
上海有机化学研究所 Shanghai Inst. of Organic Chemistry	206170	172175	324	156528	139507
上海药物研究所 Shanghai Inst. of Materia Medica	220630	170973	305	204137	156792
上海生命科学研究院 Shanghai Institutes for Biological Sciences	974255	598889	1539	687923	480926
上海微系统与信息技术研究所 Shanghai Inst. of Microsystem and Information Technology	415540	363784	571	252407	242994

续表 6-6

其中: 20 世纪 90 年代制造 Of which: Made in the 1990s				其中: 2000 年及以后制造 Of which: Made after 2000			
总额 (千元) Total value (thousand yuan)	100 千元以上 Above 100 (thousand yuan)	其中: 进口 (千元) Of which: Imported (thousand yuan)	100 千元以上 Above 100 (thousand yuan)	总额 (千元) Total value (thousand yuan)	100 千元以上 Above 100 (thousand yuan)	其中: 进口 (千元) Of which: Imported (thousand yuan)	100 千元以上 Above 100 (thousand yuan)
5133	2130	2785	818	110248	83458	53640	46821
53223	45288	34021	32553	374223	332600	218108	215177
22586	15142	18322	13662	173529	140092	114537	97324
				36734	20619	17278	16324
				37802	23804	20640	20640
70565	49814	40707	37529	898525	592079	371218	337794
29989	26355	26661	25349	274595	210695	198277	171098
15941	7035	1824	1824	246918	109144	12187	11490
24635	16424	12222	10356	377012	272240	160754	155206
369024	283132	296160	252730	2912018	2305289	2046355	1714992
12565	7354	6538	5982	138822	80158	49216	41827
10303	8711	5058	3995	65140	50622	33528	30031
38442	33060	32306	31909	291512	256051	193245	187245
26833	25573	25470	23974	179257	146602	130988	115532
9718	8362	8855	8362	207354	159053	191724	144872
138752	92711	118278	89455	695477	506178	569485	391471
31380	28643	24403	23297	382914	333965	226828	218471

地区、学科及科研单位 Region, field and research institution	合 计 Total				
	总 额 (千元) Total value (thousand yuan)	100 千元以上 Above 100 (thousand yuan)	100 千元以上 台(套)数 Over 100 thousand yuan (set)	其中: 进口 (千元) Of which: Imported (thousand yuan)	100 千元以上 Above 100 (thousand yuan)
上海光学精密机械研究所 Shanghai Inst. of Optics and Fine Mechanics	314725	244030	477	216932	193166
上海技术物理研究所 Shanghai Inst. of Technical Physics	469935	381733	755	321928	278320
福建物质结构研究所 Fujian Inst. of Research on the Structure of Matter	125767	94543	197	84092	77438
宁波材料技术与工程研究所 Ningbo Inst. of Material Technology and Engineering	103807	91862	168	63272	61711
城市环境研究所 Inst. of Urban Environment	54050	48555	52	50833	48555
江苏省 Jiangsu Province	473745	327095	788	270602	238689
紫金山天文台 Purple Mountain Observatory	183374	117545	347	59171	53506
南京地理与湖泊研究所 Nanjing Inst. of Geography and Limnology	68158	46447	151	49947	40134
南京地质古生物研究所 Nanjing Inst. of Geology and Palaeontology	42481	27996	59	31844	25196
南京土壤研究所 Nanjing Inst. of Soil Science	74457	44030	120	40106	34049
苏州纳米技术与纳米仿生研究所 Suzhou Inst. of Nano-tech and Nano-bionics	105275	91077	111	89534	85804
安徽省 Anhui Province	675132	543130	768	206525	185768
合肥物质科学研究院 Hefei Institutes of Physical Sciences	675132	543130	768	206525	185768
湖北省 Hubei Province	417585	277544	562	285246	155262
武汉物理与数学研究所 Wuhan Inst. of Physics and Mathematics	178733	153805	210	140917	48983
武汉岩土力学研究所 Wuhan Inst. of Rock and Soil Mechanics	34198	17766	44	16266	14926
测量与地球物理研究所 Inst. of Geodesy and Geophysics	21187	12723	33	9500	8512

续表 6-6

其中: 20 世纪 90 年代制造 Of which: Made in the 1990s				其中: 2000 年及以后制造 Of which: Made after 2000			
总 额 (千元) Total value (thousand yuan)	100 千元以上 Above 100 (thousand yuan)	其中: 进口 (千元) Of which: Imported (thousand yuan)	100 千元以上 Above 100 (thousand yuan)	总 额 (千元) Total value (thousand yuan)	100 千元以上 Above 100 (thousand yuan)	其中: 进口 (千元) Of which: Imported (thousand yuan)	100 千元以上 Above 100 (thousand yuan)
27628	21130	19839	17927	283278	220937	194780	173639
63321	49985	47907	41020	396942	325574	267512	232218
10082	7603	7506	6809	113465	85732	74944	69420
				103807	91862	63272	61711
				54050	48555	50833	48555
32679	23914	21468	18424	433578	298260	243651	216938
7512	4952	3138	2957	172000	109067	52655	47223
7358	5642	6644	5642	60142	40805	42722	34491
5820	4396	4742	3973	35104	23600	25578	21223
11989	8924	6944	5852	61057	33711	33162	28197
				105275	91077	89534	85804
117128	109267	30232	28621	531084	419721	173975	155129
117128	109267	30232	28621	531084	419721	173975	155129
43762	32608	32228	30595	366961	241201	248776	121212
16015	14884	14489	14096	161362	138162	125125	34128
8451	1820	2374	1695	24030	15946	13890	13231
3784	3458	2767	2698	14769	6871	4099	3420

地区、学科及科研单位 Region，field and research institution	合　计 Total				
	总　额 (千元) Total value (thousand yuan)	100 千元以上 Above 100 (thousand yuan)	100 千元以上台(套)数 Over 100 thousand yuan (set)	其中：进口 (千元) Of which: Imported (thousand yuan)	100 千元以上 Above 100 (thousand yuan)
武汉植物园 Wuhan Botanical Garden	26517	10777	49	10575	5068
水生生物研究所 Inst. of Hydrobiology	92574	50091	140	62325	49751
武汉病毒研究所 Wuhan Inst. of Virology	64376	32382	86	45663	28022
广东省、湖南省 Guangdong and Hunan Provinces	523505	398357	693	338451	294868
广州地球化学研究所 Guangzhou Inst. of Geochemistry	114056	97221	140	97846	93099
南海海洋研究所 South China Sea Inst. of Oceanology	142634	110247	188	86696	74988
华南植物园 South China Botanical Garden	48915	29839	69	29105	20734
广州生物医药与健康研究院 Guangzhou Institutes of Biomedicine and Health	89073	64408	149	76234	63585
广州能源研究所 Guangzhou Inst. of Energy Conversion	66843	50133	91	13994	12884
亚热带农业生态研究所 Inst. of Subtropical Agriculture	27073	18380	45	15197	13165
深圳先进技术研究院 Shenzhen Institutes of Advanced Technology	34911	28129	11	19379	16413
四川省 Sichuan Province	423946	316893	621	264650	234579
成都山地灾害与环境研究所 Chengdu Inst. of Mountain Hazards and Environment	40245	19266	72	21342	14305
成都生物研究所 Chengdu Inst. of Biology	58686	32144	81	33674	25761
光电技术研究所 Inst. of Optics and Electronics	325015	265483	468	209634	194513
云南省、贵州省 Yunnan and Guizhou Provinces	298347	185129	405	200105	154931
地球化学研究所 Inst. of Geochemistry	96331	70630	89	69849	65235

续表 6-6

其中: 20 世纪 90 年代制造 Of which: Made in the 1990s				其中: 2000 年及以后制造 Of which: Made after 2000			
总 额 (千元) Total value (thousand yuan)	100 千元以上 Above 100 (thousand yuan)	其中: 进口 (千元) Of which: Imported (thousand yuan)	100 千元以上 Above 100 (thousand yuan)	总 额 (千元) Total value (thousand yuan)	100 千元以上 Above 100 (thousand yuan)	其中: 进口 (千元) Of which: Imported (thousand yuan)	100 千元以上 Above 100 (thousand yuan)
616	221	314	221	25445	10276	10260	4847
12464	10555	10216	10215	80109	39536	52109	39536
2432	1670	2068	1670	61246	30410	43293	26050
32928	27132	28976	24879	451027	328996	299762	257316
14440	13711	14023	13591	97000	81203	81456	77201
9564	9564	8999	8999	96328	63941	70351	58643
4810	948	4338	706	44105	25871	24767	17008
				89073	64408	76234	63585
3012	2172	1616	1583	63812	47961	12378	11301
1102	737			25798	17483	15197	13165
				34911	28129	19379	16413
41874	28273	26683	21838	372219	286010	234216	210891
4271	3013	2907	2348	35543	16253	18169	11957
8235	3277	4862	3277	48895	28867	28459	22484
29368	21983	18914	16213	287781	240890	187588	176450
32651	21687	21557	17652	261066	131775	143764	112724
11843	9996	10282	9996	84086	60230	59567	55238

地区、学科及科研单位 Region, field and research institution	合 计 Total				
	总 额 (千元) Total value (thousand yuan)	100 千元以上 Above 100 (thousand yuan)	100 千元以上台(套)数 Over 100 thousand yuan (set)	其中: 进口 (千元) Of which: Imported (thousand yuan)	100 千元以上 Above 100 (thousand yuan)
昆明植物研究所 Kunming Inst. of Botany	77920	42010	106	40727	28677
西双版纳热带植物园 Xishuangbanna Tropical Botanical Garden	32514	19828	86	18246	14134
昆明动物研究所 Kunming Inst. of Zoology	91582	52661	124	71283	46885
陕西省 Shaanxi Province	439330	353084	663	236380	193897
地球环境研究所 Inst. of Earth Environment	48987	46595	77	46614	42407
西安光学精密机械研究所 Xi'an Inst. of Optics and Precision Mechanics	163793	117284	283	83396	56271
国家授时中心 National Time Service Center	226550	189205	303	106370	95219
甘肃省、青海省 Gansu and Qinghai Provinces	1110870	823428	2006	430311	350611
近代物理研究所 Inst. of Modern Physics	615628	466344	1120	178347	128683
兰州化学物理研究所 Lanzhou Inst. of Chemical Physics	180200	151446	297	117071	109356
寒区旱区环境与工程研究所 Cold and Arid Regions Environmental and Engineering Research Inst.	234117	149297	452	85718	68484
青海盐湖研究所 Qinghai Inst. of Saline Lakes	42523	30229	52	25185	25017
西北高原生物研究所 Northwest Inst. of Plateau Biology	38402	26112	85	23990	19071
新疆维吾尔自治区 Xinjiang Uygur Autonomous Region	112114	69988	195	52595	45767
新疆理化技术研究所 Xinjiang Technical Inst. of Physics and Chemistry	42259	31422	72	25155	22244
新疆生态与地理研究所 Xinjiang Inst. of Ecology and Geography	69855	38566	123	27440	23523

续表 6-6

其中: 20 世纪 90 年代制造 Of which: Made in the 1990s				其中: 2000 年及以后制造 Of which: Made after 2000			
总额 (千元) Total value (thousand yuan)	100 千元以上 Above 100 (thousand yuan)	其中: 进口 (千元) Of which: Imported (thousand yuan)	100 千元以上 Above 100 (thousand yuan)	总额 (千元) Total value (thousand yuan)	100 千元以上 Above 100 (thousand yuan)	其中: 进口 (千元) Of which: Imported (thousand yuan)	100 千元以上 Above 100 (thousand yuan)
10906	5463	2187	1428	62786	5284	3756	2695
171	158	158	158	32343	19670	18088	13976
9731	6070	8930	6070	81851	46591	62353	40815
34994	27480	24858	22502	379144	309557	206521	168219
4640	4371	4576	4371	44345	42224	42038	38036
19449	16387	15404	14130	138206	99772	66801	41707
10905	6722	4878	4001	196593	167561	97682	88476
90432	70150	43263	34876	958667	707525	366882	299577
43123	29354	11984	4755	537036	404141	163275	122082
21215	19024	16997	16872	140086	123549	87087	80964
21065	18253	11530	10635	211375	130205	73557	57650
3078	2199	1294	1294	34764	24838	21298	21130
1951	1320	1458	1320	35406	24792	21665	17751
8426	5526	5003	4369	99929	61919	44441	38855
3284	2541	2833	2426	37125	27882	20715	18819
5142	2985	2170	1943	62804	34037	23726	20036

6-7 科研机构研究与试验发展人员全时当量
Full-time Equivalent of R&D Personnel in Research Institutions

单位：人·年 (man · year)

年 份 Year	研究与试验发展人员全时当量 Total full-time equivalent of R&D personnel (A)	基础研究 Basic research	应用研究 Applied research	试验发展 Experimental development	其中：科学家和工程师 Among which: Scientists and engineers (B)	比 重 % of total (B/A)
1996	30677	10890	16259	3528	25455	83.0
1997	30181	10956	16237	2988	25085	83.1
1998	30611	11295	16591	2725	26585	86.8
1999	28436	10408	15810	2218	24771	87.1
2000	28084	11262	14940	1882	24666	87.8
2001	25199	10584	13154	1461	22541	89.5
2002	27646	11114	15205	1327	23413	84.7
2003	30937	12529	16892	1516	25903	83.7
2004	34898	14521	18901	1476	29457	84.4
2005	37246	15494	20076	1676	31014	83.3
2006	38911	17061	19283	2567	31589	81.2
2007	44307	14653	25205	4449	37026	83.6
2008	45358	15713	25235	4410	37416	82.5
2009	51230	18224	29378	3628		

注：R&D 人员折合全时工作量=R&D 课题人员折合全时工作量+管理 R&D 课题的科技管理人员和为 R&D 课题提供直接服务的科技服务人员的折合全时工作量。

Note:The full-time equivalent of R&D personnel is equivalent to the full-time equivalent of R&D project personnel plus that of management and service personnel directly for the R&D projects.

6-8 科研机构研究与试验发展经费支出
Research Institution R&D Expenditure

单位：亿元 (100 million yuan)

年 份 Year	研究与试验发展经费支出 Total R&D expenditure	基础研究 Basic research	比重 % of total	应用研究 Applied research	比重 % of total	试验发展 Experimental development	比重 % of total	占全国 R&D 经费支出% Percentage of national R&D expenditure
1996	21.90	6.88	31.4	11.11	50.7	3.91	17.9	5.4
1997	24.73	7.62	30.8	13.52	54.7	3.59	14.5	4.9
1998	27.33	8.66	31.7	14.84	54.3	3.83	14.0	5.0
1999	31.24	10.62	34.0	16.81	53.8	3.81	12.2	4.6
2000	40.28	14.82	36.8	21.70	53.9	3.76	9.3	4.5
2001	53.60	21.35	39.8	28.05	52.3	4.20	7.9	5.1
2002	78.08	29.20	37.4	43.33	55.5	5.55	7.1	6.1
2003	82.84	29.99	36.2	46.86	56.6	5.99	7.2	5.4
2004	93.20	33.53	36.0	53.39	57.3	6.28	6.7	4.7
2005	106.57	36.55	34.3	62.24	58.4	7.78	7.3	4.4
2006	109.87	40.98	37.3	58.12	52.9	10.77	9.8	3.7
2007	125.25	41.42	33.1	71.25	56.9	12.58	10.0	3.4
2008	153.53	53.27	34.7	85.42	55.6	14.93	9.7	3.3
2009	199.98	71.14	35.6	114.68	57.3	14.16	7.1	3.7

注：研究与试验发展经费支出包括用于 R&D 活动的科研基建费。

Note: The total R&D expenditure includes the capital construction of scientific research for R&D activities.

6-9 科研机构科技活动课题基本情况

Basic Statistics of S&T Projects in CAS Research Institutions

年 份 Year	课题数 Projects	课题经费支出 (千元) Expenditure by project (thousand yuan)	课题参加人员全时当量(人·年) Full-time equivalent of project participants (man · year)	科学家和工程师 Scientists & engineers
1985	6220	298448	30650	23756
1986	6217	256235	30337	23144
1987	7091	334353	29125	22989
1988	7579	406347	29565	24477
1989	8287	478258	31015	26115
1990	8476	500561	30283	26780
1991	8051	472828	25463	22063
1992	9503	665757	24769	22342
1993	9922	818096	26405	24010
1994	9996	1129106	25374	23149
1995	10139	1169028	23382	21774
1996	9359	1144557	22742	21341
1997	10011	1475554	24437	22945
1998	10738	1626599	24665	23173
1999	10346	1967568	23206	21989
2000	10745	2622420	23202	21832
2001	10370	3084858	22009	20737
2002	10997	3958123	26454	23989
2003	11491	4358637	27101	24709
2004	12026	4968575	30408	28297
2005	12712	5526474	33360	30711
2006	14400	5778352	34753	32247
2007	17699	7473185	40283	38765
2008	19908	9148493	41027	39178
2009	23180	11576790	45694	

注：1. 课题数包括基础研究、应用研究、试验发展、研究与试验发展成果应用、科技服务和生产性活动课题。

Note: The figures include projects in basic research, applied research, experimental development, application of research and experimental development results, scientific and technical services and productive activities.

2. 课题参加人员全时当量包括参与全部课题的本单位人员及流动人员。

The full-time equivalent of project participants includes those who are from the institute as well as the staff on mobility for the project.

6-10 科研机构科技活动课题综合情况(2009 年)

Statistics of S&T Projects in CAS Research Institutions: 2009

地区及学科 Region and field	课题数 Projects		课题经费支出(千元) Expenditure by project (thousand yuan)	课题参加人员全时当量(人·年) Full-time equivalent of project participants (man·year)	
		当年开题 Number of projects started		本单位人员 Institution staff	流动人员 Staff on mobility
总 计 Total	**23180**	**7158**	**11576790**	**24125**	**21569**
一、按地区、分院分 By region and branch					
北京分院(筹) Beijing Branch	9498	3007	4992772	9235	10404
沈阳分院 Shenyang Branch	1647	549	826667	2236	1338
长春分院 Changchun Branch	927	278	847123	2068	968
上海分院 Shanghai Branch	3691	1048	2065222	3571	2872
南京分院 Nanjing Branch	1054	308	325213	716	531
合肥地区 Hefei Area	399	106	292179	906	653
武汉分院 Wuhan Branch	1179	290	342555	702	1139
广州分院 Guangzhou Branch	1447	505	374440	1162	1058
成都分院 Chengdu Branch	692	296	393453	825	553

续表 6-10

地区及学科 Region and field	课题数 Projects		课题经费支出 (千元) Expenditure by project (thousand yuan)	课题参加人员全时当量(人·年) Full-time equivalent of project participants (man·year)	
		当年开题 Number of projects started		本单位人员 Institution staff	流动人员 Staff on mobility
昆明分院 Kunming Branch	1017	304	279161	623	771
西安分院 Xi'an Branch	275	98	253937	611	198
兰州分院 Lanzhou Branch	987	239	495357	1109	759
新疆分院 Xinjiang Branch	367	130	88711	360	327
二、按学科分 By field					
数学、物理 Mathematics & physics	4105	1297	2217848	5024	3965
化学与化工 Chemistry & chemical engineering	3250	954	1870203	3905	3385
地学 Earth sciences	5179	1709	1533656	3368	3157
生物学 Biological sciences	5818	1631	2044206	4187	5320
技术科学 Technological sciences	4660	1470	3872754	7505	5597
其他 Others	168	97	38123	136	146

注：流动人员指参与课题研究的在学研究生、在站博士后、客座人员及外聘人员等。

Note: The staff on mobility refers to the post graduates, post doctorate researchers, visiting scholars and invited staff who are participating in project research.

6-11 科研机构科技活动课

Total S&T Projects in CAS Research

地区及学科 Region and field	基础研究课题 Basic research				
	课题数 Projects	课题经费支出(千元) Expenditure by project (thousand yuan)	课题参加人员全时当量(人·年) Full-time equivalent of project participants (man·year)		课题数 Projects
			本单位人员 Institution staff	流动人员 Staff on mobility	
总 计 Total	**9845**	**3789646**	**8398**	**9356**	**11658**
一、按地区、分院分 By region and branch					
北京分院(筹) Beijing Branch	4022	1674845	3432	4609	4968
沈阳分院 Shenyang Branch	395	133228	453	362	1121
长春分院 Changchun Branch	165	60046	275	220	599
上海分院 Shanghai Branch	1768	716889	1322	1330	1766
南京分院 Nanjing Branch	388	117275	297	227	558
合肥地区 Hefei Area	190	186952	451	310	187
武汉分院 Wuhan Branch	615	160579	351	640	525
广州分院 Guangzhou Branch	633	141947	470	461	607
成都分院 Chengdu Branch	203	42471	125	199	366
昆明分院 Kunming Branch	747	191471	432	546	212
西安分院 Xi'an Branch	74	36005	83	33	180
兰州分院 Lanzhou Branch	547	310896	647	353	342
新疆分院 Xinjiang Branch	98	17042	60	68	227

题按活动类型分类(2009年)

Institutions, by Type of Research: 2009

应用研究课题 Applied research			试验发展课题 Experimental development			
课题经费支出(千元) Expenditure by project (thousand yuan)	课题参加人员全时当量(人·年) Full-time equivalent of project participants (man·year)		课题数 Projects	课题经费支出(千元) Expenditure by project (thousand yuan)	课题参加人员全时当量(人·年) Full-time equivalent of project participants (man·year)	
	本单位人员 Institution staff	流动人员 Staff on mobility			本单位人员 Institution staff	流动人员 Staff on mobility
6429186	**12742**	**10695**	**770**	**841086**	**1517**	**828**
3015915	5159	5270	195	158282	274	234
596088	1472	872	57	36342	119	66
398395	1155	493	138	345601	599	239
1197051	1986	1445	55	79339	71	40
171174	341	262	78	26303	57	29
97401	399	315	3	1209	7	2
152466	290	482	18	5010	10	6
153864	530	453	85	16314	51	43
209021	395	275	40	112540	165	33
75813	149	194	11	3702	12	5
184621	337	140	7	2648	19	15
117238	315	305	52	47351	83	63
60139	215	188	31	6445	50	52

地区及学科 Region and field	基础研究课题 Basic research				
	课题数 Projects	课题经费支出(千元) Expenditure by project (thousand yuan)	课题参加人员全时当量(人·年) Full-time equivalent of project participants (man·year)		课题数 Projects
			本单位人员 Institution staff	流动人员 Staff on mobility	
二、按学科分 By field					
数学、物理 Mathematics & physics	2080	1056166	2197	2012	1771
化学与化工 Chemistry & chemical engineering	975	460549	1128	1368	1876
地学 Earth sciences	2737	764143	1810	1721	2214
生物学 Biological sciences	3245	1203666	2267	3199	2382
技术科学 Technological sciences	767	294078	946	1034	3298
其他 Others	41	11044	50	23	117

地区及学科 Region and field	研究与试验发展成果应用课题 Application of R&D results				
	课题数 Projects	课题经费支出(千元) Expenditure by project (thousand yuan)	课题参加人员全时当量(人·年) Full-time equivalent of project participants (man·year)		课题数 Projects
			本单位人员 Institution staff	流动人员 Staff on mobility	
总 计 Total	**391**	**214543**	**641**	**315**	**472**
一、按地区、分院分 By region and branch					
北京分院(筹) Beijing Branch	135	60981	150	151	162
沈阳分院 Shenyang Branch	54	46649	149	34	19
长春分院 Changchun Branch	8	787	6	1	15
上海分院 Shanghai Branch	50	42594	95	27	47
南京分院 Nanjing Branch	2	931	1	1	28

应用研究课题 Applied research			试验发展课题 Experimental development			
课题经费支出(千元) Expenditure by project (thousand yuan)	课题参加人员全时当量(人·年) Full-time equivalent of project participants (man·year)		课题数 Projects	课题经费支出(千元) Expenditure by project (thousand yuan)	课题参加人员全时当量(人·年) Full-time equivalent of project participants (man·year)	
	本单位人员 Institution staff	流动人员 Staff on mobility			本单位人员 Institution staff	流动人员 Staff on mobility
987693	2255	1709	96	72036	142	109
1167644	2177	1689	233	126213	311	199
677302	1397	1292	106	26982	65	67
789793	1759	1997	56	18954	61	47
2781530	5073	3892	279	596901	939	406
25224	82	116				
987693	2255	1709	96	72036	142	109

科技服务课题 S&T services			生产性活动课题 Production activities			
课题经费支出(千元) Expenditure by project (thousand yuan)	课题参加人员全时当量(人·年) Full-time equivalent of project participants (man·year)		课题数 Projects	课题经费支出(千元) Expenditure by project (thousand yuan)	课题参加人员全时当量(人·年) Full-time equivalent of project participants (man·year)	
	本单位人员 Institution staff	流动人员 Staff on mobility			本单位人员 Institution staff	流动人员 Staff on mobility
267455	**701**	**333**	**44**	**34874**	**127**	**42**
67872	162	120	16	14877	57	20
13715	41	4	1	645	3	0
40747	29	10	2	1547	4	4
23624	79	28	5	5725	18	2
9530	19	12				

地区及学科 Region and field	研究与试验发展成果应用课题 Application of R&D results				
	课题数 Projects	课题经费支出(千元) Expenditure by project (thousand yuan)	课题参加人员全时当量(人・年) Full-time equivalent of project participants (man・year)		课题数 Projects
			本单位人员 Institution staff	流动人员 Staff on mobility	
合肥地区 Hefei Area	1	112	1	0	18
武汉分院 Wuhan Branch	6	3169	14	4	15
广州分院 Guangzhou Branch	27	6424	16	19	95
成都分院 Chengdu Branch	58	24873	111	31	20
昆明分院 Kunming Branch	9	2449	4	3	34
西安分院 Xi'an Branch	5	7331	28	3	6
兰州分院 Lanzhou Branch	29	15070	41	25	9
新疆分院 Xinjiang Branch	7	3173	23	16	4
二、按学科分 By field					
数学、物理 Mathematics & physics	53	36229	116	60	92
化学与化工 Chemistry & chemical engineering	89	63489	175	48	71
地学 Earth sciences	26	4408	13	12	94
生物学 Biological sciences	38	8547	23	23	92
技术科学 Technological sciences	185	101870	313	172	113
其他 Others					10

续表 6-11

科技服务课题 S&T services			生产性活动课题 Production activities			
课题经费支出(千元) Expenditure by project (thousand yuan)	课题参加人员全时当量(人·年) Full-time equivalent of project participants (man·year)		课题数 Projects	课题经费支出(千元) Expenditure by project (thousand yuan)	课题参加人员全时当量(人·年) Full-time equivalent of project participants (man·year)	
	本单位人员 Institution staff	流动人员 Staff on mobility			本单位人员 Institution staff	流动人员 Staff on mobility
6505	48	27				
21331	38	8				
55891	95	82				
3786	13	11	5	762	16	3
5612	25	17	4	114	1	5
14942	128	6	3	8390	17	1
1988	12	7	8	2814	12	7
1912	12	3				
54882	280	67	13	10842	34	8
48225	98	71	6	4083	17	9
60469	81	66	2	352	3	
22978	76	48	5	268	2	6
79046	162	74	18	19329	72	18
1855	5	7				

6-12 科研机构科技活动课题
Total S&T Projects in CAS Research

地区及学科 Region and field	国 家 State				
	课题数 Projects	课题经费支出(千元) Expenditure by project (thousand yuan)	课题参加人员全时当量(人·年) Full-time equivalent of project participants (man·year)		课题数 Projects
			本单位人员 Institution staff	流动人员 Staff on mobility	
总 计 Total	**11338**	**6284710**	**12091**	**11841**	**4346**
一、按地区、分院分 By region and branch					
北京分院(筹) Beijing Branch	5488	2920409	5395	6570	1639
沈阳分院 Shenyang Branch	880	413499	1105	785	260
长春分院 Changchun Branch	424	543982	1098	505	147
上海分院 Shanghai Branch	1524	993466	1671	1402	670
南京分院 Nanjing Branch	485	154685	284	222	235
合肥地区 Hefei Area	226	101124	334	305	116
武汉分院 Wuhan Branch	473	147380	275	592	202
广州分院 Guangzhou Branch	580	169484	391	359	226
成都分院 Chengdu Branch	261	289819	462	241	151
昆明分院 Kunming Branch	342	123046	226	332	260
西安分院 Xi'an Branch	135	168249	356	95	90
兰州分院 Lanzhou Branch	405	237907	400	334	273
新疆分院 Xinjiang Branch	115	21660	95	99	77

按主要任务来源分类(2009 年)
Institutions, by Source of Project: 2009

中国科学院 CAS			地 方 Locality			
课题经费支出(千元) Expenditure by project (thousand yuan)	课题参加人员全时当量(人·年) Full-time equivalent of project participants (man·year)		课题数 Projects	课题经费支出(千元) Expenditure by project (thousand yuan)	课题参加人员全时当量(人·年) Full-time equivalent of project participants (man·year)	
	本单位人员 Institution staff	流动人员 Staff on mobility			本单位人员 Institution staff	流动人员 Staff on mobility
2648078	**4854**	**4251**	**2337**	**464012**	**1913**	**1696**
1119029	1796	1881	286	85344	197	265
151388	366	209	126	23392	134	98
121643	361	189	156	30889	290	153
501165	647	571	671	150254	482	396
84176	166	95	120	22397	73	75
158888	382	250	17	7372	30	26
62101	138	194	184	37477	91	98
83456	162	172	322	40158	313	277
48497	126	134	113	21743	76	83
80363	184	193	161	19585	75	90
58190	150	73	4	714	4	1
139264	278	193	76	10468	56	50
39918	97	97	101	14219	93	87

地区及学科 Region and field	国 家 State				
	课题数 Projects	课题经费支出(千元) Expenditure by project (thousand yuan)	课题参加人员全时当量(人·年) Full-time equivalent of project participants (man·year)		课题数 Projects
			本单位人员 Institution staff	流动人员 Staff on mobility	
二、按学科分 By field					
数学、物理 Mathematics & physics	2025	1098941	2426	2089	872
化学与化工 Chemistry & chemical engineering	1517	797359	1659	1847	558
地学 Earth sciences	2504	771597	1554	1571	1000
生物学 Biological sciences	2718	944246	1974	2788	1264
技术科学 Technological sciences	2517	2662061	4442	3493	598
其他 Others	57	10506	36	54	54

地区及学科 Region and field	企业委托 Entrusted by enterprises				
	课题数 Projects	课题经费支出(千元) Expenditure by project (thousand yuan)	课题参加人员全时当量(人·年) Full-time equivalent of project participants (man·year)		课题数 Projects
			本单位人员 Institution staff	流动人员 Staff on mobility	
总 计 Total	**1767**	**807703**	**1935**	**1192**	**2447**
一、按地区、分院分 By region and branch					
北京分院(筹) Beijing Branch	810	329346	671	553	830
沈阳分院 Shenyang Branch	216	186983	440	127	112
长春分院 Changchun Branch	47	14788	46	28	138
上海分院 Shanghai Branch	185	86280	181	104	520
南京分院 Nanjing Branch	31	11212	32	33	153

中国科学院 CAS			地方 Locality			
课题经费支出(千元) Expenditure by project (thousand yuan)	课题参加人员全时当量(人·年) Full-time equivalent of project participants (man·year)		课题数 Projects	课题经费支出(千元) Expenditure by project (thousand yuan)	课题参加人员全时当量(人·年) Full-time equivalent of project participants (man·year)	
	本单位人员 Institution staff	流动人员 Staff on mobility			本单位人员 Institution staff	流动人员 Staff on mobility
650623	1310	977	278	77211	246	188
370811	698	656	365	89503	347	256
403790	730	708	566	94755	320	333
622632	1039	1212	714	111016	428	424
583932	1020	650	379	84946	551	464
16290	58	49	35	6581	22	31

研究所自选 Institute self-selection			国际合作 International cooperation			
课题经费支出(千元) Expenditure by project (thousand yuan)	课题参加人员全时当量(人·年) Full-time equivalent of project participants (man·year)		课题数 Projects	课题经费支出(千元) Expenditure by project (thousand yuan)	课题参加人员全时当量(人·年) Full-time equivalent of project participants (man·year)	
	本单位人员 Institution staff	流动人员 Staff on mobility			本单位人员 Institution staff	流动人员 Staff on mobility
997909	**2453**	**1984**	**453**	**218034**	**387**	**336**
357685	853	805	193	97531	155	181
25504	118	82	33	21273	52	26
122918	248	79	8	8881	15	4
280132	499	364	82	44271	69	26
45886	142	93	19	5247	15	11

地区及学科 Region and field	企业委托 Entrusted by enterprises				
	课题数 Projects	课题经费支出(千元) Expenditure by project (thousand yuan)	课题参加人员全时当量(人·年) Full-time equivalent of project participants (man · year)		课题数 Projects
			本单位人员 Institution staff	流动人员 Staff on mobility	
合肥地区 Hefei Area	11	14124	98	29	24
武汉分院 Wuhan Branch	89	42865	89	75	181
广州分院 Guangzhou Branch	144	64071	159	98	145
成都分院 Chengdu Branch	92	17381	83	46	54
昆明分院 Kunming Branch	44	9684	25	21	125
西安分院 Xi'an Branch	7	3665	11	4	18
兰州分院 Lanzhou Branch	73	25447	81	69	102
新疆分院 Xinjiang Branch	18	1857	20	7	45
二、按学科分 By field					
数学、物理 Mathematics & physics	212	114617	350	181	584
化学与化工 Chemistry & chemical engineering	368	266390	548	258	339
地学 Earth sciences	329	107406	174	177	474
生物学 Biological sciences	297	72018	208	235	601
技术科学 Technological sciences	553	245144	650	333	443
其他 Others	8	2128	5	8	6

续表 6-12

研究所自选 Institute self-selection			国际合作 International cooperation			
课题经费支出(千元) Expenditure by project (thousand yuan)	课题参加人员全时当量(人・年) Full-time equivalent of project participants (man・year)		课题数 Projects	课题经费支出(千元) Expenditure by project (thousand yuan)	课题参加人员全时当量(人・年) Full-time equivalent of project participants (man・year)	
	本单位人员 Institution staff	流动人员 Staff on mobility			本单位人员 Institution staff	流动人员 Staff on mobility
8706	48	33	1	426	7	3
41753	89	138	31	6977	12	22
14734	124	144	14	1788	7	6
9432	63	36	13	5023	8	6
23754	77	102	34	17465	17	24
17981	62	14				
41788	85	72	14	5731	22	13
7636	46	22	11	3421	9	15
232510	581	437	39	23105	40	28
270702	501	260	63	61401	111	62
74510	289	226	93	29231	52	72
237545	419	539	184	49059	98	96
181125	653	521	69	54410	81	75
1517	11	1	5	828	5	2

6-13 科研机构科技活动课题按技术领域分类(2009 年)

Total S&T Projects in CAS Research Institutions, by Field of Technology: 2009

技术领域 Field of Technology	课题数 Projects	课题经费支出 (千元) Expenditure by project (thousand yuan)	课题参加人员全时当量(人·年) Full-time equivalent of project participants (man·year)	
			本单位人员 Institution staff	流动人员 Staff on mobility
合 计 Total	**18062**	**9742022**	**19978**	**16855**
信息技术 Information technology	2553	1877828	4013	3382
生物和现代农业技术 Biotechnology & modern agricultural technology	4772	1705774	3488	3932
新材料技术 New materials technology	2066	1075319	2319	1881
能源技术 Energy technology	967	533278	1269	933
激光技术 Laser technology	306	427845	657	361
先进制造与自动化技术 Advanced manufacturing & automation technology	649	587083	1240	585
航天技术 Space technology	529	802747	1233	618
资源与环境技术 Resources & environmental technology	4369	1505827	3235	3679
其他技术领域 Other technologies	1851	1226321	2524	1483

6-14 科研机构科技著作

S&T Works Published by CAS Research Institutions

年 份 Year	科技专著 S&T works		译成外文 Those translated into foreign languages		用作大专院校教科书 Those used as text books for universities and colleges		科普著作 Popular science books	
	万字 Ten thousand Chinese characters	种 Title	万字 Ten thousand Chinese characters	种 Title	万字 Ten thousand Chinese characters	种 Title	万字 Ten thousand Chinese characters	种 Title
1985	4323		288		293		601	
1986	4529		413		410		474	
1987	5625	195	717	21	945	33	587	37
1988	8191	455	667	38	854	36	818	35
1989	7798	297	356	18	432	22	984	37
1990	11477	345	285	20	769	27	931	47
1991	9221	319	625	19	900	23	1105	41
1992	8316	245	463	18	383	11	357	12
1993	9792	292	1294	38	125	6	405	16
1994	13978	334	1398	29	248	9	1005	42
1995	11922	337	741	23	241	8	518	25
1996	11044	297	1430	36	109	5	481	24
1997	9541	296	621	19	179	5	990	36
1998	12712	347	804	25	539	14	861	36
1999	14474	371	1866	32	337	12	1114	55
2000	17327	429	1304	42	172	10	2979	103
2001	14650	348	648	31	418	17	2628	97
2002	15319	534	1289	37	1046	20	1102	83
2003	13467	401	1143	31	1303	21	1321	55
2004	15486	330	854	31	607	12	1622	68
2005	12228	330	884	35	414	15	800	60
2006	12178	323	758	24	508	13	1339	40
2007	10723	273	988	30	445	9	926	43
2008	12848	330	866	45	243	5	1001	48
2009	12887	329	1032	50	874	55	1343	48

6-15 科研机构科技著作(2009 年)

S&T Works Published by CAS Research Institutions: 2009

地区及学科 Region and field	科技专著 S&T works		译成外文 Those translated into foreign languages		用作大专院校教科书 Those used as text books for universities and colleges		科普著作 Popular science books	
	万字 Ten thousand Chinese characters	种 Title	万字 Ten thousand Chinese characters	种 Title	万字 Ten thousand Chinese characters	种 Title	万字 Ten thousand Chinese characters	种 Title
总 计 Total	**12887**	**329**	**1032**	**50**	**874**	**55**	**1343**	**48**
一、按地区、分院分 By region and branch								
北京分院(筹) Beijing Branch	7931	195	515	33	802	39	876	26
沈阳分院 Shenyang Branch	635	20	79	1			82	3
长春分院 Changchun Branch	227	4			50	14	12	3
上海分院 Shanghai Branch	418	13	263	8			246	8
南京分院 Nanjing Branch	805	22	70	3				
合肥地区 Hefei Area								
武汉分院 Wuhan Branch	353	16	10	1			64	3
广州分院 Guangzhou Branch	727	18	12	1			5	2
成都分院 Chengdu Branch	239	8					20	1

续表 6-15

地区及学科 Region and field	科技专著 S&T works		译成外文 Those translated into foreign languages		用作大专院校教科书 Those used as text books for universities and colleges		科普著作 Popular science books	
	万字 Ten thousand Chinese characters	种 Title	万字 Ten thousand Chinese characters	种 Title	万字 Ten thousand Chinese characters	种 Title	万字 Ten thousand Chinese characters	种 Title
昆明分院 Kunming Branch	715	12	53	2	22	2		
西安分院 Xi'an Branch	26	1					1	
兰州分院 Lanzhou Branch	649	17	30	1			20	1
新疆分院 Xinjiang Branch	162	3					17	1
二、按学科分 By field								
数学、物理 Mathematics & physics	1584	36	186	9	550	12	178	8
化学与化工 Chemistry & chemical engineering	1311	31	252	6	97	15	199	6
地学 Earth sciences	3824	93	266	8	54	1	196	8
生物学 Biological sciences	3202	67	63	3	22	2	738	24
技术科学 Technological sciences	1566	74	265	24	150	4	32	2
其他 Others	1400	28			1	21		

6-16 学校及公共支撑机构科技活动课题综合情况(2009 年)

Statistics of S&T Projects in Universities and CAS Supporting Institutions: 2009

单 位 Unit	课题数合计 Total projects	当年开题 Number of projects started	课题经费支出(千元) Expenditure by project (thousand yuan)	课题参加人员全时当量(人・年) Full-time equivalent of project participants (man・year)	
				本单位人员 Institution staff	流动人员 Staff on mobility
总 计 Total	**1757**	**788**	**355280**	**1168**	**634**
中国科学技术大学 University of Science and Technology of China	1261	547	196558	689	427
中国科学院研究生院 Graduate University of Chinese Academy of Sciences	267	111	57047	186	172
计算机网络信息中心 Computer Network Information Center	44	19	74319	122	1

续表 6-16

单　位 Unit	课题数合计 Total projects	当年开题 Number of projects started	课题经费支出(千元) Expenditure by project (thousand yuan)	课题参加人员全时当量(人·年) Full-time equivalent of project participants (man·year)	
				本单位人员 Institution staff	流动人员 Staff on mobility
国家科学图书馆(筹) National Science Library	85	44	18925	75	26
国家科学图书馆武汉分馆(筹) The Wuhan Branch of the National Science Library	36	31	2613	24	1
国家科学图书馆成都分馆(筹) The Chengdu Branch of the National Science Library	14	3	1737	33	4
国家科学图书馆兰州分馆(筹) The Lanzhou Branch of the National Science Library	50	33	4081	39	3

6-17 国家重点实验

Basic Statistics of Staff in the

单位：人

国家重点实验室名称 Names of the state key laboratories	固定研究人员 Permanent researchers	高 级 Senior
总 计 **Total**	**5186**	**3273**
数学、物理 Mathematics & physics		
中国科学技术大学合肥微尺度物质科学国家实验室(筹) Hefei National Laboratory For Physical Sciences At the Microscale, University of Science and Technology of China	167	129
中国科学院物理研究所北京凝聚态物理国家实验室(筹) Beijing National Laboratory For Condensed Matter Physics, Institute of Physics, CAS	373	253
中国科学院物理研究所、半导体研究所表面物理国家重点实验室 State Key Laboratory of Surface Physics, Institute of Physics and Institute of Semiconductors, CAS		
中国科学院物理研究所超导国家重点实验室 State Key Laboratory of Superconductivity, Institute of Physics, CAS		
中国科学院物理研究所磁学国家重点实验室 State Key Laboratory of Magnetism, Institute of Physics, CAS		
中国科学院武汉物理与数学研究所波谱与原子分子物理国家重点实验室 State Key Laboratory of Magnetic Resonance and Atomic and Molecular Physics and Mathematics, Wuhan Institute of Physics, CAS	84	62
中国科学院声学研究所声场与声信息国家重点实验室 State Key Laboratory of Acoustics, Speech and Signal Processing, Institute of Acoustics, CAS	33	24
中国科学院力学研究所非线性力学国家重点实验室 State Key Laboratory of Nonlinear Mechanics, Institute of Mechanics, CAS	43	30
中国科学院数学与系统科学研究院科学与工程计算国家重点实验室 State Key Laboratory of Scientific and Engineering Computing, Academy of Mathmatics and System Science, CAS	38	22
中国科学院半导体研究所半导体超晶格国家重点实验室 State Key Laboratory of Superlattices and Microstructures, Institute of Semiconductors, CAS	26	22
中国科学院上海光学精密机械研究所强场激光物理国家重点实验室 State Key Laboratory of High Field Laser Physics, Shanghai Institute of Optics and Fine Mechanics, CAS	43	31

室人员情况(2009 年)

State Key Laboratories: 2009

(person)

客座研究人员 Guest researchers			人才培养 Talent training		
	国 外 Overseas	国内高级 Senior	博士后 Postdocs	博 士 Candidates for doctor's degree	硕 士 Candidates for master's degree
2341	**462**	**1087**	**933**	**8943**	**6126**
25	12	13	22	239	259
16		11	26	544	250
94	3	71	6	113	110
70	2	28	6	35	34
19	4	15	3	56	57
18	9		8	79	41
13	5	3	12	100	
24	3	21	2	91	54

国家重点实验室名称 Names of the state key laboratories	固定研究人员 Permanent researchers	高 级 Senior
化 学 Chemistry		
中国科学院化学研究所北京分子科学国家实验室(筹) Beijing National Laboratory For Molecular Sciences,Institute of Chemistry, CAS	314	239
分子动态与稳态结构国家重点实验室(中国科学院化学研究所、北京大学) State Key Laboratory of Structural Chemistry of Unstable and Stable Species (Institute of Chemistry, CAS and Peking University)		
中国科学院大连化学物理研究所催化基础国家重点实验室 State Key Laboratory of Catalysis, Dalian Institute of Chemical Physics, CAS	65	49
中国科学院大连化学物理研究所、化学研究所分子反应动力学国家重点实验室 State Key Laboratory of Molecular Reaction Dynamics, Dalian Institute of Chemical Physics and Institute of Chemistry, CAS	43	29
中国科学院上海有机化学研究所生命有机化学国家重点实验室 State Key Laboratory of Bio - Organic and Natural Products Chemistry, Shanghai Institute of Organic Chemistry, CAS	43	14
中国科学院福建物质结构研究所结构化学国家重点实验室 State Key Laboratory of Structural Chemistry, Fujian Institute of Research on the Structure of Matter, CAS	51	47
中国科学院兰州化学物理研究所羰基合成和选择氧化国家重点实验室 State Key Laboratory of Oxo Synthesis and Selective Oxidation, Lanzhou Institute of Chemical Physics, CAS	48	29
中国科学院山西煤炭化学研究所煤转化国家重点实验室 State Key Laboratory of Coal Conversion, Shanxi Institute of Coal Chemistry, CAS	34	32
中国科学院化学研究所、长春应用化学研究所高分子物理与化学国家重点实验室 State Key Laboratory of Polymer Physics and Chemistry, Institute of Chemistry and Changchun Institute of Applied Chemistry, CAS	45	43
中国科学院上海有机化学研究所金属有机化学国家重点实验室 State Key Laboratory of Organometallic Chemistry, Shanghai Institute of Organic Chemistry, CAS	32	20
中国科学院长春应用化学研究所电分析化学国家重点实验室 State Key Laboratory of Electroanalytical Chemistry, Changchun Institute of Applied Chemistry, CAS	51	29
中国科学院长春应用化学研究所稀土资源利用国家重点实验室 State Key Laboratory of Rare Earth Resource Utilization,Changchun Institute of Applied Chemistry,CAS	67	36
中国科学院过程工程研究所多相复杂系统国家重点实验室 State Key Laboratory of Multiphase Complex Systems, Institute of Process Engineering, CAS	64	37

续表 6-17

客座研究人员 Guest researchers			人才培养 Talent training		
	国 外 Overseas	国内高级 Senior	博士后 Postdocs	博 士 Candidates for doctor's degree	硕 士 Candidates for master's degree
14	4	10	74	814	266
39	6	18	17	141	17
14	6	7	5	80	26
1	1		10	65	50
113	2	65	12	127	132
33		21	1	55	55
56	2	30		159	85
24	1	23	27	254	125
60		4	4	69	51
28	11	16	8	137	87
18	6	8	18	99	46
23		16	9	102	88

国家重点实验室名称 Names of the state key laboratories	固定研究人员 Permanent researchers	高 级 Senior
资源、环境 Resources & environment		
中国科学院大气物理研究所大气科学及地球流体力学数值模拟国家重点实验室 State Key Laboratory of Numerical Modeling for Atmospheric Sciences and Geophysical Fluid Dynamics, Institute of Atmospheric Physics, CAS	60	36
中国科学院广州地球化学研究所有机地球化学国家重点实验室 State Key Laboratory of Organic Geochemistry, Guangzhou Institute of Geochemistry, CAS	58	49
中国科学院地理科学与资源研究所资源与环境信息系统国家重点实验室 State Key Laboratory of Resources and Environmental Information System, Institute of Geographic Sciences and Natural Resources Research, CAS	93	46
中国科学院寒区旱区环境与工程研究所冻土工程国家重点实验室 State Key Laboratory of Frozen Soil Engineering, Cold and Arid Regions Environmental and Engineering Research Institute, CAS	43	26
中国科学院地球环境研究所黄土与第四纪地质国家重点实验室 State Key Laboratory of Loess and Quaternary Geology, Institute of Earth Environment, CAS	42	28
中国科学院大气物理研究所大气边界层物理和大气化学国家重点实验室 State Key Laboratory of Atmospheric Boundary Layer Physics and Atmospheric Chemistry, Institute of Atmospheric Physics, CAS	47	28
环境模拟与污染控制国家重点实验室(清华大学、中国科学院生态环境研究中心、北京大学等) State Key Laboratory of Environmental Aquatic Chemistry (Tsinghua University, Research Center for Eco-Environmental Sciences, CAS, and Peking University)	68	14
中国科学院地球化学研究所环境地球化学国家重点实验室 State Key Laboratory of Environmental Geochemistry, Institute of Geochemistry, CAS	87	56
黄土高原土壤侵蚀与旱地农业国家重点实验室(水土保持与生态环境研究中心) State Key Laboratory of Soil Erosion and Dryland Farming on Loess Plateau(Inst. of Soil and Water Conservation and Eco-Environmental Sciences)	53	39
中国科学院南京地质古生物研究所现代古生物学和地层学国家重点实验室 State Key Laboratory of Palaeobiology and Stratigraphy, Nanjing Institute of Geology and Palaeontology, CAS	41	35
遥感科学国家重点实验室(中国科学院遥感应用研究所 北京师范大学) State Key Laboratory of Remote Sensing Science (Institute of Remote Sensing Applications, CAS and Beijing Normal University)	44	36
中国科学院南京土壤研究所土壤与农业可持续发展国家重点实验室 State Key Laboratory of Soil and Sustainable Agriculture,Institute of Soil Science, CAS	69	49
中国科学院地质与地球物理研究所岩石圈演化国家重点实验室 State Key Laboratory of Lithospheric Evolution,Institute of Geology and Geophysics, CAS	42	41
中国科学院生态环境研究中心环境化学与生态毒理学国家重点实验室 State Key Laboratory of Environmental Chemistry and Ecotoxicology,Research Center for Eco-Environmental Sciences, CAS	59	37

续表 6-17

客座研究人员 Guest researchers			人才培养 Talent training		
	国 外 Overseas	国内高级 Senior	博士后 Postdocs	博 士 Candidates for doctor's degree	硕 士 Candidates for master's degree
27	11	8	3	103	55
22	3	10	10	116	102
65	8	12	18	43	44
22	3	11	23	55	41
81	45	34	3	52	60
26	1		6	77	37
			9	111	48
3	3		17	81	66
54	11	30	7	72	121
244	91	82	7	24	35
24	2	12	31	165	196
57		40	6	106	101
14		10	31	59	45
24	3	1	6	114	53

国家重点实验室名称 Names of the state key laboratories	固定研究人员 Permanent researchers	
		高 级 Senior
中国科学院空间科学与应用研究中心空间天气国家重点实验室 State Key Laboratory of Space Weather,Center for Space Science and Applied Research, CAS	64	32
中国科学院地球化学研究所矿床地球化学国家重点实验室 State Key Laboratory of Ore Deposit Geochemistry, Institute of Geochemistry, CAS	68	14
中国科学院南京地理与湖泊研究所湖泊与环境国家重点实验室 State Key Laboratory of Lake Science and Environments, Nanjing Institute of Geography and Limnology, CAS	73	57
中国科学院寒区旱区环境与工程研究所冰冻圈科学国家重点实验室 State Key Laboratory of Cryospheric Sciences, Cold and Arid Regions Environment and Engineering Research Institute, CAS	68	43
中国科学院生态环境研究中心城市与区域生态国家重点实验室 State Key Laboratory of Urban and Regional Ecology, Research Center for Eco-Environmental Sciences,CAS	65	36
中国科学院植物研究所植被与环境变化国家重点实验室 State Key Laboratory of Vegetation and Environmental Change, Institute of Botany, CAS	125	54
生物学 Biological sciences		
中国科学院动物研究所农业虫害鼠害综合治理国家重点实验室 State Key Laboratory of Integrated Management of Pest Insects and Rodents, Institute of Zoology, CAS	62	42
中国科学院生物物理研究所生物大分子国家重点实验室 State Key Laboratory of Biomacromolecules, Institute of Biophysics, CAS	103	66
中国科学院上海生命科学研究院分子生物学国家重点实验室 State Key Laboratory of Molecular Biology, Shanghai Institutes for Biological Sciences, CAS	143	40
中国科学院上海生命科学研究院植物分子遗传国家重点实验室 State Key Laboratory of Plant Molecular Genetics, Shanghai Institutes for Biological Sciences, CAS	89	41
中国科学院水生生物研究所淡水生态与生物技术国家重点实验室 State Key Laboratory of Freshwater Ecology and Biotechnology, Institute of Hydrobiology, CAS	35	33
生物膜与膜生物工程国家重点实验室(中国科学院动物研究所、清华大学、北京大学) State Key Laboratory of Biomembranes and Membrane Biotechnology (Institute of Zoology, CAS, Tsinghua University and Peking University)	30	21
中国科学院动物研究所计划生育生殖生物学国家重点实验室 State Key Laboratory of Reproductive Biology, Institute of Zoology, CAS	45	21
中国科学院微生物研究所微生物资源前期开发国家重点实验室 State Key Laboratory of Microbial Resources, Institute of Microbiology, CAS	50	29

续表 6-17

客座研究人员 Guest researchers			人才培养 Talent training		
	国 外 Overseas	国内高级 Senior	博士后 Postdocs	博 士 Candidates for doctor's degree	硕 士 Candidates for master's degree
23	8	15	7	30	32
			9	111	48
24	3	14	13	120	94
37	12	25	9	72	45
9	7	2	33	103	63
11	9	1	29	116	105
45	7	10	11	73	43
			36	219	214
15			17	173	63
11	2	7	17	101	87
74		38	19	176	145
9	1	2	19	53	46
12	1	2	16	100	19
18		15	5	83	30

国家重点实验室名称 Names of the state key laboratories	固定研究人员 Permanent researchers	高 级 Senior
中国科学院上海药物研究所新药研究国家重点实验室 State Key Laboratory of Drug Research, Shanghai Institute of Materia Media, CAS	43	36
中国科学院遗传与发育生物研究所植物细胞与染色体工程国家重点实验室 State Key Laboratory of Plant Cell and Chromosome Engineering, Institute of Genetics and Developmental Biology, CAS	54	25
中国科学院过程工程研究所生化工程国家重点实验室 State Key Laboratory of Biochemical Engineering, Institute of Process Engineering, CAS	73	44
中国科学院昆明植物研究所植物化学与西部植物资源持续利用国家重点实验室 State Key Laboratory of Phytochemistry and Plant Resources in west China, Kunming Institute of Botany, CAS	63	46
中国科学院遗传与发育生物学研究所、微生物研究所植物基因组学国家重点实验室 State Key Laboratory of Plant Genomics, Institute of Genetics and Developmental Biology and Institute of Microbiology, CAS	86	40
中国科学院植物研究所系统进化植物学国家重点实验室 State Key Laboratory of Systematic and Evolutionary Botany, Institute of Botany, CAS	73	43
中国科学院生物物理研究所脑与认知科学国家重点实验室 State Key Laboratory of Brain and Cognitive Science, Institute of Biophysics, CAS	59	39
病毒学国家重点实验室(武汉大学、中国科学院武汉病毒研究所) State Key Laboratory of Virology (Wuhan University and Wuhan Institute of Virology, CAS)	26	25
中国科学院上海生命科学研究院神经科学国家重点实验室 State Key Laboratory of Neuroscience, Shanghai Institutes for Biological Sciences, CAS	87	21
中国科学院昆明动物研究所遗传资源与进化国家重点实验室 State Key Labortatory of Genetic Resources and Evolution, Kunming Institute of Zoology, CAS	70	21
技术科学 Technological sciences		
中国科学院金属研究所沈阳材料科学国家(联合)实验室 Shenyang National Laboratory For Materials Science, Institute of Metals Research, CAS	150	100
中国科学院上海技术物理研究所红外物理国家重点实验室 State Key Laboratory of Infrared Physics, Shanghai Institute of Technical Physics, CAS	50	37
传感技术联合国家重点实验室(中国科学院上海微系统与信息技术研究所、电子学研究所等) State Key Laboratory of Transducer Technology (Shanghai Institute of Microsystem and Information Technology and Institute of Electronics, CAS)	80	56

续表 6-17

客座研究人员 Guest researchers			人才培养 Talent training		
	国 外 Overseas	国内高级 Senior	博士后 Postdocs	博 士 Candidates for doctor's degree	硕 士 Candidates for master's degree
			17	149	146
30		6	15	117	8
57	9	43	3	105	84
2	2	28	2	70	76
48	3	5	22	180	27
24	23	1	7	101	77
19		14	10	103	56
23	3	4	2	134	121
12	9	3	25	153	33
15	2	2	6	60	71
36	27	9	8	214	134
24	7	15	9	57	18
10	2	6	2	96	86

国家重点实验室名称 Names of the state key laboratories	固定研究人员 Permanent researchers	
		高 级 Senior
中国科学院长春光学精密机械与物理研究所应用光学国家重点实验室 State Key Laboratory of Applied Optics, Changchun Institute of Optics，Fine Mechanics and Physics, CAS	97	48
中国科学院自动化研究所模式识别国家重点实验室 State Key Laboratory of Pattern Recognition, Institute of Automation, CAS	48	34
中国科学院软件研究所、研究生院信息安全国家重点实验室 State Key Laboratory of Information Security, Institute of Software, CAS and Graduate School of the Chinese Academy of Sciences	58	40
集成光电子学国家重点实验室(清华大学、吉林大学、中国科学院半导体研究所) State Key Laboratory of Integrated Photoelectronics (Tsinghua University, Jilin University and Institute of Semiconductors, CAS)	18	17
中国科学院西安光学精密机械研究所瞬态光学与光子技术国家重点实验室 State Key Laboratory of Transient Optics and Technology, Xi'an Institute of Optics and Precision Mechanics, CAS	40	33
中国科学院光电技术研究所微细加工光学技术国家重点实验室 State Key Laboratory of Optical Technologies on Microfabrication, Institute of Optics and Electronics, CAS	53	26
中国科学院上海微系统与信息技术研究所信息功能材料国家重点实验室 State Key Laboratory of Functional Materials for Informatics, Shanghai Institute of Microsystem and Information Technology, CAS	63	35
中国科学技术大学火灾科学国家重点实验室 State Key Laboratory of Fire Science, University of Science and Technology of China	47	32
中国科学院兰州化学物理研究所固体润滑国家重点实验室 State Key Laboratory of Solid Lubrication, Lanzhou Institute of Chemical Physics, CAS	60	37
中国科学院上海硅酸盐研究所高性能陶瓷和超微结构国家重点实验室 State Key Laboratory of High Performance Ceramics and Superfine Microstructure, Shanghai Institute of Ceramics, CAS	69	45
中国科学院金属研究所金属腐蚀与防护国家重点实验室 State Key Laboratory of Metal Corrosion and Protection, Institute of Metals Research, CAS	53	42
中国科学院软件研究所计算机科学国家重点实验室 State Key Laboratory of Computer Science, Institute of Software, CAS	38	29
中国科学院沈阳自动化研究所机器人学国家重点实验室 State Key Laboratory of Robotics, Shenyang Institute of Automation, CAS	71	42
中国科学院武汉岩土力学研究所岩土力学与工程国家重点实验室 State Key Laboratory of Geomechanics and Geotechnical Engineering, Institute of Rock and Soil Mechanics, CAS	67	54

续表 6-17

客座研究人员 Guest researchers	国 外 Overseas	国内高级 Senior	人才培养 Talent training 博士后 Postdocs	博 士 Candidates for doctor's degree	硕 士 Candidates for master's degree
2		2	2	87	90
48	14	21	11	178	111
2		1	17	135	132
47		11	6	89	52
34	1	13	15	37	78
21	2	18	1	55	46
59	9	48	8	53	63
67	8	36	11	77	329
22	8			106	78
25	7	12	7	121	35
14	5	9	10	74	47
13		9	4	115	109
10	10		7	80	61
24	3	10	19	130	87

6-18 国家重点实验

Basic Statistics of Research Projects Conducted

单位：个

学科 Field	合计 Total	科技支撑计划 Key Technology R&D Program	"863"课题 "863" projects	"973"课题 "973" projects
总计 Total	**7390**	**92**	**380**	**484**
数学、物理 Mathematics & physics	878	1	33	95
化学 Chemistry	1384	17	64	69
资源、环境 Resources & environment	2026	56	71	120
生物学 Biological sciences	1634	15	89	140
技术科学 Technological sciences	1468	3	123	60

6-19 国家重点实验室科研

Statistics of Research Project Funds

单位：千元

学科 Field	合计 Total	科技支撑计划 Key Technology R&D Program	"863"课题 "863" projects	"973"课题 "973" projects
总计 Total	**4044608**	**127204**	**316671**	**1029192**
数学、物理 Mathematics & physics	945623	7560	33592	256496
化学 Chemistry	568349	26666	28418	94520

室课题情况(2009 年)

by the State Key Laboratories: 2009

(unit)

国家基金 State funded projects	部委课题 Projects at the ministerial level	学委会审批 Projects selected by academic committees	国际合作 International cooperative projects	其 他 Others
2363	**1921**	**625**	**332**	**1193**
378	262	40	25	44
529	351	82	74	198
668	513	193	99	306
432	463	181	85	229
356	332	129	49	416

课题经费投入情况(2009 年)

for the State Key Laboratories: 2009

(thousand yuan)

国家基金 State funded projects	部委课题 Projects at the ministerial level	学委会审批 Projects selected by academic committees	国际合作 International cooperative projects	其 他 Others
745888	**1093039**	**161355**	**166629**	**404630**
212883	354764	38993	20310	21025
118218	177875	6175	33486	82991

学 科 Field	合 计 Total	科技支撑计划 Key Technology R&D Program	“863”课题 “863” projects	“973”课题 “973” projects
资源、环境 Resources & environment	957432	73533	86901	176919
生物学 Biological sciences	942340	18355	38202	385395
技术科学 Technological sciences	630864	1090	129558	115862

6-20 国家重点实验室

Statistics of Research Results from

学 科 Field	获奖研究成果 Award-winning S&T Research results (项) (item)				
	国家级奖 National awards			院、部 Academy and	
	特等 Special class	一等 1st class	二等 2nd class	特等 Special class	一等 1st class
总 计 **Total**		**2**	**22**	**1**	**39**
数学、物理 Mathematics & physics			4		4
化学 Chemistry			4	1	10
资源、环境 Resources & environment			7		10
生物学 Biological sciences		1	5		7
技术科学 Technological sciences		1	2		8

国家基金 State funded projects	部委课题 Projects at the ministerial level	学委会审批 Projects selected by academic committees	国际合作 International cooperative projects	其他 Others
207707	226856	17545	32389	135582
128202	186191	74772	65429	45794
78878	147353	23870	15015	119238

科技成果情况(2009 年)

the State Key Laboratories: 2009

委奖 ministerial awards		论文 Theses (篇) (No. of articles)		专著 Monographs (种) (title)		授权专利 Patents granted (发明) (Invention) (项) (item)
二等 2nd class	三等 3rd class	国内发表 Published domestically	国际发表 Published internationally	中文 Chinese language	外文 Foreign language	
31	**10**	**4016**	**8104**	**96**	**44**	**894**
1	2	337	1725	4	6	124
5	2	483	2236	16	18	278
15	1	1772	1428	44	8	43
1	3	488	1302	14	5	135
9	2	936	1413	18	7	314

6-21 工程中心总体情况

General Statistics of Engineering Research Centers

项　目 Items	2005 年	2006 年	2007 年	2008 年	2009 年
一、经济情况 Economic status					
收入总额 (万元) Total income (ten thousand yuan)	158250	149841	212817	242102	257898
技术性收入 (万元) Technology income (ten thousand yuan)	35059	24314	18051	12770	21556
生产性收入 (万元) Production income (ten thousand yuan)	72765	78815	104111	128375	151237
其他 (万元) Others (ten thousand yuan)	50425	46712	90654	100957	85105
利税总额 (万元) Total profit and tax (ten thousand yuan)	7324	15644	30560	21004	32691
资产总额 (万元) Total assets (ten thousand yuan)	206691	252957	334498	315739	381210
固定资产 (万元) Fixed assets (ten thousand yuan)	109192	86630	90046	89428	101340
二、基本建设 Capital construction					
计划总投资 (万元) Total investment (ten thousand yuan)	107285	145120	149523	123939	115193
已完成总投资 (万元) Completed invested (ten thousand yuan)	176767	132917	121812	103286	104583
国家拨款 (万元) State allocation (ten thousand yuan)	20858	23326	27380	38286	41974
贷款 (万元) Loan (ten thousand yuan)	45908	33825	14173	13120	9182
自筹 (万元) Self-raised fund (ten thousand yuan)	48742	70857	73294	57597	62703

续表 6-21

项　目　Items	2005 年	2006 年	2007 年	2008 年	2009 年
其他（万元） Others (ten thousand yuan)	61260	4910	6966	29321	12173
已完成的基建规模 Completed capital construction					
投资（万元） Investment (ten thousand yuan)	61891	66349	42426	43728	50497
面积（平方米） Floor space (m^2)	330095	1521251	271528	275193	329607
三、科技成果 S&T research results					
获奖总数（项） Total awards (item)	24	28	33	64	74
国家级奖 National awards	4	4	8	10	13
省部级奖 Provincial & ministry awards	20	25	22	54	60
其他 Others			3		1
专利申请量（件） Patents applied (item)	213	347	598	498	590
专利授权（件） Patents granted (item)	127	149	203	256	273
四、技术转移 Technology transfer					
技术服务、咨询（项） Technical service and consultation (item)	779	919	1151	1681	1731
技术培训（人次） Technical training (person·time)	6936	10022	11435	10247	10735
受让企业新增产值(万元) Enterprise's newly increased value of output (ten thousand yuan)	23329	556100	594504	669474	320850

6-22 工程中心各

Statistics of Various Kinds of Staff at

工程中心名称 Names of engineering research center	合 计 Total	专业技术人员 Professional technical staff		
			高 级 Senior	中 级 Middle level
总 计 Total	**4273**	**3754**	**897**	**1337**
机器人技术国家工程研究中心 National Engineering Research Center for Robot	703	703	86	117
高档数控国家工程研究中心 National Engineering Center for Hi-End Computer Numerical Control	213	213	37	103
精细石油化工中间体国家工程研究中心 National Engineering for Fine Petrochemical Intermediates	160	160	62	50
工程塑料国家工程研究中心 National Engineering Center for Engineering Plastics	148	74	21	28
信息安全共性技术国家工程研究中心 National Engineering Research Center for Information Security	65	55	9	16
光电子器件国家工程研究中心 National Engineering Research Center for Optoelectronic Devices	70	67	18	20
光盘及其应用国家工程研究中心 National Engineering Research Center for Optical Disks and Applications	113	44	16	11
高性能均质合金国家工程研究中心 National Engineering Center for High Performance Homogenized Alloys	157	85	33	30
膜技术国家工程研究中心 Dalian Membrane Center of Engineering R&D	97	87	13	29
手性药物国家工程研究中心 National Engineering Research Center for Chiral Drugs	92	92	18	45
燃料电池及氢源技术国家工程研究中心 National Engineering Research Center of Fuel Cells and Hydrogen Technology	131	68	16	22
基础软件国家工程研究中心 National Engineering Research Center of Fundamental Software	406	406	20	319
国家网络新媒体工程技术研究中心 National Engineering Research Center for Network New Media Technology	106	106	13	20
国家生化工程技术研究中心 National Engineering Research Center for Biotechnology	52	52	26	12
国家遥感应用工程技术研究中心 National Engineering Research Center for Geoinformatics	122	122	46	52
国家并行计算机工程技术研究中心 National Research Center of Parallel Computer Engineering & Technology	176	176	52	71
国家高性能计算机工程技术研究中心 National Engineering Research Center for High Performance Computer	127	127	6	16

类人员情况(2009 年)
Engineering Research Centers: 2009

学 位 Degrees		学 历 Education experience			按工作性质分 By working sectors					
博 士 Ph.D	硕 士 MS	研究生 Post graduate	大 学 Graduate	其 他 Others	管理人员 Administrative staff	研究开发人员 R&D Staff	质量监督人员 Quality supervision staff	市场营销人员 Market staff	生产人员 Production staff	其 他 Others
622	**987**	**1620**	**2060**	**593**	**451**	**2450**	**111**	**267**	**686**	**308**
12	138	150	439	114	87	450	7	31	128	
9	54	53	160		14	115	2	15	14	53
32	25	61	77	22	8	122	4	3	21	2
25	30	55	63	30	19	84	3	12	24	6
13	27	40	22	3	12	41	2	8	2	
21	7	29	22	19	1	26	2	1	38	2
9	4	27	42	44	12	46	5	6	36	8
80	32	112	37	8	5	49	9	3	19	72
2	11	12	68	17	16	11	4	38	28	
11	26	37	37	18	9	42	8	4	27	2
7	27	34	61	36	23	47	1	4	47	9
12	142	154	252		62	277	0	37		30
49	38	88	14	4	10	61	1	10	14	10
32	10	42	10		3	29	2	1	8	9
62	42	104	12	6	18	104				
14	63	77	94	5	6	101	2	8	45	14
6	118	124	3		4	93	2	4	23	1

工程中心名称 Names of engineering research center	合 计 Total	专业技术人员 Professional technical staff	高 级 Senior	中 级 Middle level
国家专用集成电路设计工程技术研究中心 National Engineering Research Center for ASIC Design	73	73	14	29
中国岩土工程研究中心 Chinese Research Center of Geotechnical Engineering	36	36	12	15
国家卫星定位系统工程技术研究中心 National Center of GNSS Engineering Technology	22	22	17	3
国家淡水渔业工程技术研究中心 National Engineering Research Center for Freshwater Fisheries	35	35	17	10
国家金属腐蚀控制工程技术研究中心 National Engineering Research Center for Corrosion Control	108	81	43	19
国家真空仪器装置工程技术研究中心 National Engineering Research Center of Vacuum Instruments	309	199	66	77
国家催化工程技术研究中心 National Engineering Research Center for Catalysis	152	90	24	33
国家光栅制造与应用工程技术研究中心 National Engineering Research Center for Diffraction Gratings Manufacturing and Application	69	69	18	30
国家节水灌溉工程技术研究中心 National Engineering Research Center for Water-Saving irrigation	21	21	10	2
国家天然药物工程技术研究中心 National Engineering and Technology Center for Natural Medicines	28	28	14	11
国家光电子晶体材料工程技术研究中心 National Engineering Research Center for Optoelectronic Crystalline Materials	85	85	32	27
国家环境光学监测仪器工程技术研究中心 National Engineering Research Center of Environmnental Optic Monitoring Instruments	54	50	26	23
国家荒漠-绿洲生态建设工程技术研究中心 National Engineering Technology Research Center for Desert-Oasis Ecological Construction	54	52	34	15
中国科学院计算机语言信息工程研究中心 CAS Engineering Research Center for Computer & Language Information	88	88	6	17
中国科学院放射性药物联合研究开发中心 CAS Engineering Research Center for Radiopharmaceuticals	15	15	8	5
中国科学院有机合成工程研究中心 CAS Engineering Research Center of Organic Synthesis	30	30	7	12
中国科学院精密铜管工程技术研究中心 CAS Engineering Research Cengter for Precised Copper Pipes	29	29	15	6
中国科学院北方液晶工程研究开发中心 North Liquid Crystal Engineering R&D Center	15	15	4	5
中国科学院皮革化工材料工程研究中心 CAS Engineering Research Center for Leather Chemical Materials	62	49	16	13
中国科学院热安全工程研究中心 CAS Engineering Research Center for Thermal Safety	50	50	22	24

续表 6-22

学 位 Degrees		学 历 Education experience			按工作性质分 By working sectors					
博 士 Ph.D	硕 士 MS	研究生 Post graduate	大 学 Graduate	其 他 Others	管理人员 Adminis-trative staff	研究开发人员 R&D Staff	质量监督人员 Quality supervision staff	市场营销人员 Market staff	生产人员 Produc-tion staff	其 他 Others
34	12	46	24	3	5	60	3		5	
2	12	12	22	2	2	21	2	2	4	5
12	5	17	5		2	18	1	1		
12	3	15	18	2	5	17	2	5	6	
12	12	24	30	54	10	49	6	9	20	14
2	24	26	187	96	41	182	9	17	60	
3	11	14	73	65	25	26	12	19	54	16
9	11	20	41	8	4	36	3	2	18	6
8		8	5	8	2	10				9
2	4	6	21	1	4	16	3		4	1
36	25	61	24		3	74			8	
28	12	40	12	2	1	44	4		5	
18	6	24	30		4	49			1	
5	14	19	69		12	51	3	12		10
5	2	7	8		2	8	1		2	2
4	10	14	12	4	5	16	1	1	7	
2	3	10	16	3	3	26				
1	4	5	6	4	2	9		1	2	1
5	13	18	29	15	4	16	3	8	16	15
26	10	35	15	0	6	24	4	5		11

主要统计指标解释

人　　员

1. 从事科技活动人员

指职工总数中的科技管理人员、课题活动人员和科技服务人员。

科技管理人员　指院、所领导及业务、人事管理人员，包括直接从事科技计划管理、课题管理、成果管理、专利管理、科技统计、科技档案管理、科技外事工作、人事管理、教育培训、财务等活动的人员。

课题活动人员　指编制在研究室或课题组的人员。

科技服务人员　指从事图书、情报、测试、试验、咨询、物资器材供应等工作的人员以及实验室、试验工厂(车间)、试验农场的人员。不包括司机、门卫、食堂人员、医务人员、清洁工以及幼儿园、托儿所工作人员等。

2. 科学家和工程师

指具有大学毕业及以上学历的或具有高、中级技术职称(务)的人员。

3. 其他科技人员

指具有大、中专毕业学历或具有初级技术职称(务)的人员。

4. 从事生产、经营活动人员

指主要从事定型产品的批量生产、单位内部招待所、商店、出版印刷等生产经营和对外服务活动的人员。在机构下属经济实体中的院所编制人员也应包括在内。

经　　费

1. 经费

包括暂收(暂付)款，经费收入中各项皆为毛收入。

2. 科技活动收入

政府资金　指由各级政府部门直接拨款或企事业单位利用政府资金委托本机构从事科学技术活动所获得的收入。

★财政补助收入　指由中央或地方财政通过预算的形式拨给本机构的经费，包括正常经费和专项经费。单位收到由财政部门拨给主管部门和上级单位转拨的科学事业费，以及由财政部门拨给上级主管部门和上级单位以科研课题或项目下达的科学事业费，均属财政预算拨款。

★承担政府科研项目收入　指本机构为了开展科学研究、新产品试制、中间试验、科技成果示范性推广等科技活动，通过签订协议、合同或其他形式申请并获得的政府经费，包括课题专项、设备专项和其他专项。

技术性收入　指本机构从事科学技术活动所获得的非政府资金(毛收入)，如：企事业单位和社会团体利用自有资金委托本机构开展科学技术活动所提供的资金，由技术开发收入、技术转让收入、技术咨询及服务收入、学术活动和生产科普活动收入几项合计。

★来自企业 指本机构通过接受企业委托、为企业提供技术开发、技术咨询服务等形式从事科学技术活动而从企业获得的收入。

★技术开发收入 指本机构承接社会各方面委托的有关新技术、新产品、新工艺和新材料及其系统的研究开发任务而获得的收入。

★技术转让收入 指本机构通过专利权转让、专利申请权转让、专利实施许可、非专利技术的转让所获得的收入。

★技术咨询、服务、培训、承包收入 不包括建设工程的勘探、设计、施工、安装和加工承揽。

★国外资金 指中国境外的企业、大学、国际组织、民间组织、金融机构及外国政府提供给在中国境内注册的各类单位用于科技活动的经费。不包括外国在中国注册的企业提供的经费。

★科技活动借贷款 指本机构为开展科技活动从各种渠道获得的各种借、贷款。不论偿还形式、期限和数额如何，均按当年获得的借、贷款额填报。不包括基本建设贷款。

★其他资金 指除上述各项以外可以用于科技活动的收入，包括国内外社会和个人赞助、捐赠、 投资收益等。

3. 科技经费内部支出

指本单位在报告期内用于内部开展科技活动实际支出的费用，包括来自科研渠道以及其他各种渠道的经费实际用于科技活动支出的费用，也包括外协加工费。

★人员费用 指以货币或实物形式直接或间接支付给科技活动人员的劳动报酬及各种费用，包括各种形式的工资、补助工资、津贴、价格补贴、奖金、福利、失业保险、养老保险、医疗保险、工伤保险、人民助学金等，也包括支付给研究生的助学金、奖学金等开支。为科技活动提供间接服务人员的劳务费不计入此项。

★设备购置费 指本单位使用非基本建设投资购建费购买用于科技活动的固定资产的实际支出额。固定资产指长期使用而不改变原有的实物形态，单位价值在规定标准以上的主要物资设备，如科研仪器设备、图书资料、实验材料和标本以及其他科研设备。

★其他日常支出 指本单位用于科技活动除上述以外的支出。例如，用于科技活动的原材料费、水电能源费、差旅费、加工试验费、设备使用费、计算机机时费、资料印刷费等。培训研究生的消耗性支出也一并统计。

基 本 建 设

1. 基本建设投资实际完成额

指本机构在报告期内完成的用货币表示的基本建设工作量。

2. 自筹

指在当年基本建设投资实际完成额中自筹投资的部分，自筹部分应包括拨改贷后须由机构自身偿还的贷款。

3. 科研仪器设备

指本机构在基本建设投资的实际完成额中购置的科研仪器设备总值。非科研设备购置不计入此项。

4. 科研土建工程

指本机构在基本建设投资的实际完成额中完成的科研土建工作量(如科研楼、试验用房等)。非科研土建工程(如住房等)不计入此项。

科 技 活 动

1. 课题活动分类

基础研究 指为获得新知识而进行的独创性研究。其目的是揭示观察到的现象和事实的基本原理和规律，而不以任何特定的实际应用为目的。

应用研究 指为获得新的科学技术知识而进行的独创性研究。它主要针对某一特定的实际应用目的。应用研究通常是为了确定基础研究成果或知识的可能的用途，或是为达到某一具体的、预定的实际目的确定新的方法(原理)或途径。

★区分基础研究与应用研究的主要标志 具有特定的实际应用目的。

试验发展 利用从研究或实际经验获得的知识，为生产新的材料、产品和装置，建立新的工艺和系统，以及对已生产或建立的上述各项进行实质性的改进，而进行的系统性工作。

★区分科学研究(基础研究和应用研究)与试验发展的主要标志 前者主要是为了增加科学技术知识，后者则是为了开辟新的应用领域(如新材料或新技术)。

★区分科学研究与试验发展及其他有关活动的主要标志 具有创新成分的活动归于前者。

研究与试验发展成果应用 为解决 R&D 活动阶段产生的新产品、新装置、新工艺、新技术、新方法、新系统和服务等投入生产或实际应用所存在的技术问题而进行的系统性活动。它不具有创新成分,此类活动包括为达到生产目的而进行的定型设计和试制以及为扩大新产品生产规模和新方法、新技术、新工艺等的应用领域而进行的适应性试验。

★研究与试验发展、研究与试验发展成果应用和工业生产活动三者之间的界限大致划分如下:

(1) 新产品的研制

实质性的新产品，即完全新的新产品或对现有产品的性能进行重大改进的设计、制造和试验，是研究与试验发展活动。对引进(或购买)现成的技术成果(如专利、技术诀窍、图纸和样机等)进行复制或直接应用而形成新产品的过程，不是研究与试验发展活动，而是研究与试验发展成果应用活动。

(2) 新工艺、新方法的研制

对新工艺、新方法的研制或对现有工艺、生产过程进行实质性的技术改进，是研究与试验发展。采用国内已有的生产工艺或生产过程，而在技术上没有实质性的改进，只是对采用的生产工艺或生产过程做适应性的试验，不属于研究与试验发展，而是研究与试验发展成果应用活动。

(3) 中间试验

新产品、新工艺、新生产过程直接用于生产前，往往要进行中间试验，以解决一系列的技术问题，情况比较复杂，对其是否属于研究与试验发展应视具体情况而定。

如果进行中间试验的直接目的是为了从技术上进一步改进产品、工艺或生产过程或为此目的进行试验以获得经验和收集数据，是研究与试验发展；如果为了进行产品的定型设计，获取生产所需的技术参数，那么就不是研究与试验发展，而是研究与试验发展成果应用活动。

(4) 试生产

试生产是在完成了生产前的各项技术准备后，在正式生产前的“试验性”生产。试生产的直接目的不是对产品或生产过程在技术方面做进一步的改进，而是为了使生产能顺利进行，因而既不属于研究与试验发展，也不属于研究与试验发展成果应用活动。

(5) 质量控制与检验测试

生产过程的质量控制及材料、设备、产品的常规检验、测试，不属于研究与试验发展，也不属于研究与试验发展成果应用活动，原型检验测试和非商业性的试验工厂(中试车间)中的检验测试，属于研究与试验发展。

(6) 市场研究

既不是研究与试验发展，也不是研究与发展成果应用活动。

科技服务　与科学研究与试验发展有关，并有助于科学技术知识的产生、传播和应用的活动。包括，为扩大科技成果的使用范围而进行的示范性推广工作；为用户提供科技情报和文献服务的系统性工作；为用户提供可行性报告、技术方案、建议及进行技术论证等技术咨询工作；自然、生物现象的日常观测、监测，资源的考察和勘探；有关社会、人文、经济现象的通用资料的收集，如统计、市场调查等，以及这些资料的常规分析与整理；为社会和公众提供的测试、标准化、计量、计算、质量控制和专利服务，不包括工商企业为进行正常生产而开展的上述活动。

生产性活动　由于具备特殊的工艺设备条件或掌握某种技术专长或诀窍所进行的小量非常规生产。

2. 课题经费支出

指当年为进行该课题研究而从课题经费中直接支出的全部经费(不包括与外单位合作进行该课题研究而拨给对方使用的经费)。

3. 课题参加人员折合全时工作量

指按工作量计算的当年实际参加课题活动的各类人员总数。统计时首先把课题人员分离为全时人员和非全时人员，然后折算为全时工作量。

全时人员　指在本年度工作中，从事该课题活动的工作量(累计工作时间与本人全年工作总时间之比)在 0.9 以上(含 0.9)的人员数。

非全时人员　指在本年度工作中，从事该课题活动的工作量在 0.1~0.9 的人员数。工作量不到 0.1 不计在内。

全时当量　指全时人员数加所有非全时人员的工作量总和，数值取小数点后一位。

国家重点实验室

1. 固定人员

指由实验室主任聘任并有一定任期的相对稳定的研究人员、技术人员和管理人员。国家重点实验室的固定人员可以由室主任连聘连任。

2. 客座人员

指通过课题申请并获准来开放实验室从事研究工作的所内外工作人员。开放实验室的客座人员没有固定任期，在课题获准进行期内属于开放实验室的人员，享受固定人员同等待遇，课题结束之后，必须离室，因此客座人员是流动的。

3. 学委会审批课题

经学术委员会审议批准，用开放经费支持的课题。固定客座合作课题指由开放实验室固定、客座人员合作共同承担的学委会审批课题。

Explanatory Notes on Key Indicators

Personnel

1. S&T activity personnel

S&T activity personnel comprise S&T management personnel, project activity personnel and S&T service personnel.

S&T management personnel refers to leaders at various levels in the academy and institutes and those who are engaged in S&T and personnel management, including those who participate directly in such activities as S&T planning, project management, research achievement management, patent management, S&T statistics, management of S&T archives, S&T international cooperation, personnel management, education and training, and finance.

Project activity personnel refers to staff whose payroll is in the laboratory or project research group.

S&T service personnel refers to those engaged in library, information, measurement, testing, consultation, material and equipment supply as well as those working in laboratories, pilot factories (workshops) and experimental farms. They should not include drivers, janitors, and persons working in mess halls, medical houses, kindergartens and nurseries.

2. Scientists and engineers

This heading can be defined as persons who are of higher educational level or have senior or middle level academic titles.

3. Other S&T personnel

This heading refers to persons who are of specialized higher school or specialized secondary school educational level or have junior or specialized secondary school educational level or have junior academic (or technical) titles.

4. Production and business activity personnel

This mainly refers to staffs who are engaged in the production, business activity and services such as batch process of finalized products, management and services in the guesthouses and shops, and publication and printing. Staff on the CAS and institute payroll who work in the economic entities attached to the institution shall also be included.

Funds

1. Funds

Funds include temporary collection and temporary payment. Items included in the current intramural income are all gross income.

2. Income of S&T activities

Income from government funds This heading refers to funds directly allocated by government departments at all levels or income obtained by a particular institution through conducting S&T activities entrusted by enterprises and institutions using government funds.

★*Income from government subsidy* This refers to budgetary funds allocated by the central or local financial departments, including normal funds and special funds. The operation funds for scientific research obtained from the financial departments via higher authorities and the operating funds for scientific research obtained from the financial departments via higher authorities designated for research projects are all in the category of financial budgetary allocation.

★*Income from undertaking government research projects* This refers to funds received by a particular institution from the government for the purpose of carrying out S&T activities through signing agreements, contracts or other forms of application, such as scientific research, new product development and experiment, pilot experiment, and demonstration and commercialization of S&T results. This includes special funds for research projects, equipment and other items.

Technical income This refers to the gross income obtained by a particular institution from non-governmental departments for undertaking S&T activities, such as self-raised funds from institutions, enterprises and social organizations for entrusting the particular institution to carry out S&T activities. It also includes income from technology development, technology transfer, technology consultation and service, academic activities and production, and science popularization activities.

★*From enterprises* This refers to the income obtained by a particular institution from the enterprises by undertaking entrusted S&T activities for the enterprises in the form of technology development, technology consultation and service.

★*Income from technology development* This refers to income received by a particular institution from commissioned R&D on new technologies, products, processes, materials and systems.

★*Income from technology transfer* This refers to income received by a particular institution from transfer of its patents, patent application rights, patent licenses and non-patented technologies.

★*Income from technological consultation, services, training and contracts* This heading excludes the income from exploitation of construction engineering, design, construction, installation and contracts for processing.

★*Overseas Funds* This heading refers to the funds provided by overseas enterprises, universities, international organizations, non-government organizations, financial agencies and foreign governments to the institutions and units registered in China for S&T activities. This excludes the funds provided by the foreign enterprises registered in China.

★*Loans for S&T activities* This heading refers to all kinds of loans obtained by a particular institution from various sources for S&T activities. No mater what kind of form, duration and volume of the repayment will be, the total monetary volume of loans obtained in the reference year should be recorded. But, any loans for capital construction is not included.

★*Other Income* This heading refers to the income, both from home and abroad, such as donations from the society and individuals as well as some investment income for S&T activities, etc., which does not fall into the above-mentioned categories.

3. Current Intramural Expenditure

This refers to actual expenditure for S&T activities by a particular institution within the reported period, including all the expenses for S&T activities funded by not only research and development (R&D) channels but also other sources. This also includes the expenditure for the products processing with outside cooperation.

★*Personnel cost* This refers to the expenditure paid by a particular institution to its staff, directly or indirectly, in cash or in kind, including basic salary, subsidiary salary, allowances, price subsidiary, bonus, welfare funds for staff, unemployment insurance, old-aged pension, medical care insurance, insurance against injury at work, people's fellowship, etc., including stipend and fellowship for graduate students. This excludes the remuneration for personal services.

★ *Equipment purchasing expenditure* This refers to the exact expenditure of non-capital construction investment spent by a particular institution on purchasing fixed assets for S&T activities. Fixed assets cover major equipment and installations with unit price above the set quota, which can be used over a long period of time without changing their original material forms (or appearances), such as scientific research equipment and installations, books, library materials, laboratory materials and specimens as well as other facilities for research activities.

★*Other daily expenditure* This refers to the expenditure spent by a particular institution for S&T activities, which is not included in the above-mentioned items, such as costs of raw materials for the performance of S&T activities, charges for water and electricity, travel, expenses directly associated with processing and experiments, costs of equipment utilization, computer times, printing of materials, etc., and consumptive expenditure for graduate student training is also included.

Capital Construction

1. Actual expenditure in capital investment

This refers to the amount of capital construction work completed by a particular institution in the reference year, which is expressed in monetary terms.

2. Self-raised funds

This refers to funds raised by a particular institution in the actual spending in capital investment. It includes loans, which should be paid back by the institution itself after the reform of the S&T appropriation system.

3. Scientific research instruments and equipment

This refers to the total expenditure on scientific research equipment in the actual capital expenditure. Expenditure on nonresearch equipment is not included in this category.

4. Civil engineering projects for scientific research

This refers to the actual amount of work completed by a particular institution on research facilities (such as research and experiment buildings) in the actual expenditure of capital investment. Construction project not for research purpose (such as living quarters) is not included.

S&T Activities

1. Classification by project activity

Basic research Basic research can be defined as any original research undertaken to acquire new knowledge. Its purpose is to explore the underlying principles and laws of observed phenomena and facts, without any particular practical application in view.

Applied research Applied research is defined as any original research undertaken in order to acquire new scientific and technological knowledge. It is, however, directed primarily towards a specific practical aim or objective. Applied research is usually undertaken to determine the possible application of the results or knowledge from basic research, or to determine new methods or ways of achieving some specific and predetermined practical aim.

★The main criterion for distinguishing basic research from applied research is that the latter has specific practical application in view.

Experimental development Experimental development can be defined as any systematic work, drawing on existing knowledge gained from research and/or practical experience, that is directed to producing new materials, products and devices, to installing new processes and systems, and to improving substantially those already produced or installed.

★The main criterion for distinguishing scientific research (basic or applied) from experimental development is that whereas the former is primarily directed towards the increase of S&T knowledge, the latter is directed towards the introduction of new application (e.g. new materials or technologies).

★The main criterion for distinguishing scientific research from experimental development is that the former involves creative activities.

Application of research and experimental development results Application of research and experimental development results can be defined as any systematic work that is directed to the technical issues in the production and practical use of new products, new devices, new processes, new techniques, new methods, new systems and services which are generated from research and development results. This kind of activity does not involve creation and innovation. It includes finalized design and pilot development for production purposes as well as adaptability testing directed to expanding the production scale of new products and the application of new methods, technologies and processes.

★The main criterion for distinguishing research and experimental development, application of research and experimental development results, and industrial activities is basically the following:

(1) Development of new products

Activities directed towards the development of new products, that is, completely new products, substantial improvement of the design, development and experiment on the properties of existing products, should be defined as research and experimental development, while the process of producing new products through copy or direct use of imported (or purchased) technical results (such as patents, technical know-how, blueprints and prototypes) should not be mentioned as research and experimental development. It falls into the category of application of research and experimental development results.

(2) Development of new processes and methods

The development of new processes or methods and the substantial technical improvement of existing technologies and production processes are research and experimental development. Activities involved in adopting existing domestic production techniques or processes without making substantial improvements (or when only adaptability testing is conducted) cannot be considered as research and experimental development. They are the application of research and experimental development results.

(3) Pilot experiment

Before new products, technologies and production processes can be used in production, pilot experiments are usually carried out in order to solve a series of technical issues. These experiments are complex in nature and whether they are considered as research and experimental development or not can only be judged according to concrete conditions.

If the immediate aim of the pilot experiment is to make further technical improvement of existing technologies and production processes are research acquisition of experience and data for that purpose, the activity should be regarded as research and experimental development. If, on the contrary, the immediate aim is to make finalized design for a product and to obtain technical data needed for the production, the activity should be regarded as research and experimental development. It is a part of the application of research and experimental development results.

(4) Trial production

Trial production can be defined as "experimental" production conducted after various technical preparations are completed but before full scale production is started. Since the immediate aim of trial production is not to make further technical improvement of the product or the production process concerned but to get the production process working smoothly, it is neither research and experimental development, nor application of research and experimental development results.

(5) Quality control, checking and testing

Quality control of production processes and routine checking and testing of materials, devices and products are neither research and experimental development nor application of research and experimental development results. However, the testing of prototypes and testing conducted in a non-commercial pilot plant (workshop) should be regarded as research and experimental development.

(6) Market study

This is neither research and experimental development, nor application of research and experimental development results.

Scientific and technical services Scientific and technical services can be defined as any activities concerned with scientific research and experimental development and contributing to the generation, dissemination and application of scientific and technological knowledge. They include the demonstration and popularization activities to introduce the application of scientific and technological results; systematic work on scientific and technological information and documentation services; technical consultation provided to users such as feasibility studies, technical schemes, proposals and technical investigations; routine observation and monitoring of natural and biological phenomena, surveying and exploration of resources; and the gathering of general information on social, human and economic phenomena (such as statistics and market studies); as well as the routine analysis and compilation of the above mentioned information; testing, standardization, metrology, computation, quality control and patent services (excluding the above mentioned activities carried out by industries for normal production).

Productive activities This heading refers to small-scale non-conventional production undertaken because of possessing special processing equipment and facilities or technical specialties and know-how.

2. Total direct expenditure by project group

This refers to the total funds actually spent directly by the project group for the research of the project. It does not include funds transferred to the cooperators if the project is conducted jointly.

3. Full-time equivalent of project activity personnel

This refers to the total number of various kinds of personnel who actually participate in the project activities in the reference year, calculated according to their work load. In making the statistics, the project activity personnel are first classified as full-time personnel and part-time personnel and their work load are then converted into full-time work load.

Full-time personnel This refers to the number of personnel whose work load for the project activity (the ratio between accumulated working hours spent on the project activity and the total hours worked in the reference year) is 0.9 or above.

Part-time personnel This refers to the number of personnel whose work load for the project activity is from 0.1 to 0.9. Those whose work load for the project activity is less than 0.1 are not included.

Full-time equivalent This refers to the total work load of full-time personnel and part-time personnel.

State Key Laboratories

1. Permanent researchers

This refers to research, technical and managerial personnel who are invited or engaged by the directors of the open laboratories to serve for certain terms.

2. Guest researchers

This refers to scientists both inside and outside the institutes who conduct research activities at the State Key laboratories after their research applications have been approved. Guest researchers do not serve for fixed terms. They are on the staff of the State Key laboratories within the allowed period for pursuing their research subjects and enjoy the same treatment as the permanent staff does, but must leave the laboratories upon completion of their research.

3. Projects approved by the academic committees

This refers to research projects, which are approved by the academic committees and funded by the open laboratory research funds. Jointly conducted projects refer to those research projects which are approved by the academic committees and are jointly conducted by the permanent staff and guest researchers of the State Key Laboratories.

七、人才培养与引进

TALENT TRAINING AND RECRUITMENT

7-1 中国科学技术大学录取和毕业大学生情况

Enrollment and Graduation of Undergraduate Students in the University of Science and Technology of China

单位：人 (person)

年 份 Year	录取大学生 Total enrollment			毕业大学生 Total graduation		
	合 计 Total	本 科 Regular college courses	专 科 Special college courses	合 计 Total	本 科 Regular college courses	专 科 Special college courses
1978	999	999				
1979	3009	3009		869	799	70
1980	557	557		1451	1334	117
1981	568	568		108		108
1982	639	588	51	690	690	
1983	721	662	59	668	668	
1984	758	714	44	529	476	53
1985	835	777	58	593	534	59
1986	752	752		574	574	
1987	985	810	175	572	572	
1988	1054	774	280	850	638	212
1989	748	632	116	892	687	205
1990	860	695	165	1003	734	269
1991	970	776	194	820	683	137
1992	1291	865	426	987	821	166
1993	1870	1032	838	899	684	215
1994	1721	1084	637	869	493	376
1995	1621	1123	498	1502	611	891
1996	1759	1148	611	1494	867	627
1997	1448	1248	200	1366	886	480
1998	1583	996	587	1590	1450	140
1999	1980	1840	140	1181	984	197
2000	2042	1902	140	1875	1540	335
2001	2005	1825	180	1986	1704	282
2002	1863	1863		2012	1871	141
2003	1862	1862		2321	2321	
2004	1848	1848		1754	1754	
2005	1842	1842		1763	1763	
2006	1941	1941		1797	1797	
2007	1963	1963		1753	1753	
2008	1690	1690		1866	1866	
2009	1806	1806		1845	1845	

7-2 录取研究生和授予学位情况

Total Enrollment of Graduate Students and Degrees Granted

单位：人 (person)

年 份 Year	录取研究生 Total enrollment			授予学位 Total degrees granted		
	合 计 Total	博 士 Ph.D	硕 士 MS	合 计 Total	博 士 Doctor's degree	硕 士 Master's degree
1955~1965	1287		1287			
1978	1400		1400			
1979	351		351			
1980	193		193			
1981	1123	107	1016	974		974
1982	1329	42	1287	178		178
1983	1334	59	1275	205		205
1984	1772	253	1519	469		469
1985	2349	372	1977	1181	72	1109
1986	2314	392	1922	998	78	920
1987	2361	561	1800	1187	82	1105
1988	2325	513	1812	2255	189	2066
1989	1966	416	1550	2370	313	2057
1990	1883	488	1395	1662	226	1436
1991	1862	562	1300	1940	326	1614
1992	2197	702	1495	1580	278	1302
1993	2383	724	1659	1019	244	775
1994	3024	1180	1844	1529	413	1116
1995	3372	1466	1906	1693	518	1175
1996	3631	1603	2028	2179	689	1490
1997	3605	1605	2000	2516	849	1667
1998	3769	1720	2049	2391	1111	1280
1999	4287	1926	2361	2769	1213	1556
2000	5807	2622	3185	2662	1247	1415
2001	7344	3171	4173	2953	1473	1480
2002	9346	3943	5403	3009	1451	1558
2003	11439	5004	6435	4019	1931	2088
2004	12981	5562	7419	5092	2428	2664
2005	13639	5691	7948	6851	3116	3735
2006	14007	5726	8281	8160	4036	4124
2007	14315	5749	8566	9353	4597	4756
2008	14731	5786	8945	10704	5053	5651
2009	15893	6111	9782	11003	5155	5848

7-3 研究生招收培养及

Total Enrollment of Graduate

单位：人

招生单位 Institution	录取研究生 Enrollment in 2007			在学研究生 Total enrollment		
	合计 Total	博士 Ph.D.	硕士 MS	合计 Total	博士 Ph.D.	硕士 MS
总计 Total	**15893**	**6111**	**9782**	**44978**	**20479**	**24499**
北京市 Beijing	5809	2491	3318	16604	8347	8257
数学与系统科学研究院 Academy of Mathematics and Systems Science	184	94	90	490	286	204
物理研究所 Inst. of Physics	247	128	119	656	415	241
声学研究所 Inst. of Acoustics	137	58	79	374	181	193
理论物理研究所 Inst. of Theoretical Physics	43	23	20	118	76	42
理化技术研究所 Technical Inst. of Physics and Chemistry	151	64	87	391	198	193
高能物理研究所 Inst. of High Energy Physics	168	75	93	417	230	187
国家天文台 National Astronomical Observatories of China	89	39	50	247	126	121
力学研究所 Inst. of Mechanics	111	34	77	322	117	205
化学研究所 Inst. of Chemistry	335	199	136	880	621	259
生态环境研究中心 Research Center for Eco-Environmental Sciences	177	107	70	552	353	199
过程工程研究所 Inst. of Process Engineering	149	56	93	376	188	188
地理科学与资源研究所 Inst. of Geographic Sciences and Natural Resources Research	201	118	83	630	398	232
地质与地球物理研究所 Inst. of Geology and Geophysics	179	99	80	564	369	195

授予学位情况(2009 年)
Students and Degrees Granted: 2009

(person)

授予博士学位 Doctor's degree				授予硕士学位 Master's degree			
合计 Total	理学 Natural sciences	工学 Enginee-ring sciences	其他 Others	合计 Total	理学 Natural sciences	工学 Enginee-ring sciences	其他 Others
5155	**3342**	**1635**	**178**	**5848**	**1761**	**2043**	**2044**
2192	1389	723	80	2071	530	811	730
79	64	2	13	23	17		6
123	123			7	7		
70	19	51		39	7	32	
26	26			2	2		
54	45	9		22	10	12	
68	52	16		14	6	8	
33	33			18	18		
48	25	23		67	18	49	
180	180			4	4		
97	72	25		34	25	9	
49		49		38		38	
89	83		6	59	51	4	4
90	75	15		41	34	7	

招生单位 Institution	录取研究生 Enrollment in 2007			在学研究生 Total enrollment		
	合计 Total	博士 Ph.D.	硕士 MS	合计 Total	博士 Ph.D.	硕士 MS
古脊椎动物与古人类研究所 Inst. of Vertebrate Paleontology and Paleoanthropology	21	7	14	63	26	37
大气物理研究所 Inst. of Atmospheric Physics	130	71	59	428	261	167
遥感应用研究所 Inst. of Remote Sensing Application	106	53	53	307	169	138
植物研究所 Inst. of Botany	177	81	96	612	309	303
动物研究所 Inst. of Zoology	145	79	66	470	274	196
心理研究所 Inst. of Psychology	83	38	45	243	117	126
微生物研究所 Inst. of Microbiology	107	53	54	370	224	146
生物物理研究所 Inst. of Biophysics	168	83	85	488	243	245
遗传与发育生物学研究所 Inst. of Genetics and Developmental Biology	134	90	44	533	402	131
北京基因组研究所 Beijing Inst. of Genomics	70	29	41	190	73	117
计算技术研究所 Inst. of Computing Technology	280	100	180	944	439	505
计算机网络信息中心 Computer Network Information Center	56	7	49	145	27	118
软件研究所 Inst. of Software	175	43	132	501	184	317
半导体研究所 Inst. of Semiconductors	209	97	112	518	262	256
微电子研究所 Inst. of Microelectronics	111	28	83	270	73	197
电子学研究所 Inst. of Electronics	172	66	106	476	219	257

续表 7-3

授予博士学位 Doctor's degree				授予硕士学位 Master's degree			
合计 Total	理学 Natural sciences	工学 Engineering sciences	其他 Others	合计 Total	理学 Natural sciences	工学 Engineering sciences	其他 Others
4	4			8	8		
76	76			11	11		
52	50	2		28	20	8	
53	53			60	60		
66	66			20	20		
32	32			32	32		
36	36			20	20		
68	68			13	13		
79	79			22	22		
28	28			16	16		
93		93		145		145	
5		5		30		30	
56		56		82		82	
105	16	89		27	2	25	
38		38		21		21	
57		57		64		64	

招生单位 Institution	录取研究生 Enrollment in 2007			在学研究生 Total enrollment		
	合计 Total	博士 Ph.D.	硕士 MS	合计 Total	博士 Ph.D.	硕士 MS
电工研究所 Inst. of Electric Engineering	78	33	45	241	114	127
工程热物理研究所 Inst. of Engineering Thermophysics	65	25	40	203	94	109
空间科学与应用研究中心 Center for Space Science and Applied Research	97	32	65	282	101	181
自动化研究所 Inst. of Automation	205	102	103	574	337	237
对地观测与数字地球科学中心 Center for Earth Observation and Digital Earth	64	13	51	129	20	109
自然科学史研究所 Inst. of History of Natural Sciences	18	8	10	68	37	31
科技政策与管理科学研究所 Inst. of Policy and Management	44	22	22	125	71	54
国家科学图书馆(筹) National Science Library	49	16	33	149	56	93
中国科学院研究生院 Graduate University of Chinese Academy of Sciences	720	162	558	1859	493	1366
青藏高原研究所 Inst. of Qinghai-Tibet Plateau	47	17	30	128	60	68
国家纳米科学中心 National Center for Nano Science Technology	62	32	30	137	76	61
光电技术研究院 Institutes of Optoelectronics	45	10	35	134	28	106
河北省 Hebei Province	20	9	11	79	44	35
渗流流体力学研究所 Inst. of Osmotic Mechanics	20	9	11	79	44	35
山西省 Shanxi Province	92	40	52	295	158	137
山西煤炭化学研究所 Shanxi Inst. of Coal Chemistry	92	40	52	295	158	137

续表 7-3

授予博士学位 Doctor's degree				授予硕士学位 Master's degree			
合计 Total	理学 Natural sciences	工学 Enginee-ring sciences	其他 Others	合计 Total	理学 Natural sciences	工学 Enginee-ring sciences	其他 Others
33		33		32		32	
20		20		20		20	
21	11	10		32	6	26	
107		107		32		32	
				28	7	21	
7	7			6	6		
17			17	12			12
13			13	37			37
92	44	17	31	845	76	98	671
9	9			11	11		
13	13			1	1		
6		6		48		48	
3		3		6		6	
3		3		6		6	
55	24	31		36	9	27	
55	24	31		36	9	27	

招生单位 Institution	录取研究生 Enrollment in 2007			在学研究生 Total enrollment		
	合计 Total	博士 Ph.D.	硕士 MS	合计 Total	博士 Ph.D.	硕士 MS
辽宁省、山东省 Liaoning and Shandong Provinces	963	437	526	2817	1490	1327
大连化学物理研究所 Dalian Inst. of Chemical Physics	245	130	115	746	492	254
沈阳应用生态研究所 Shenyang Inst. of Applied Ecology	102	47	55	286	137	149
中国科学院沈阳计算技术研究所有限公司 CAS Shenyang Computing Technology Co., Ltd.	61	8	53	162	14	148
沈阳自动化研究所 Shenyang Inst. of Automation	97	39	58	317	163	154
金属研究所 Inst. of Metals Research	211	101	110	620	364	256
海洋研究所 Inst. of Oceanology	163	76	87	470	220	250
青岛生物能源与过程研究所 Qingdao Inst. of Bioenergy and Bioprocess Technology	40	18	22	90	46	44
烟台海岸带可持续发展研究所 Yantai Inst. of Coastal Zone Research for Sustainable Development	44	18	26	126	54	72
吉林省 Jilin Province	579	274	305	1704	942	762
长春光学精密机械与物理研究所 Changchun Inst. of Optics, Fine Mechanics and Physics	297	127	170	867	421	446
长春应用化学研究所 Changchun Inst. of Applied Chemistry	225	116	109	678	424	254
东北地理与农业生态研究所 Northeast Inst. of Geography and Agricultural Ecology	57	31	26	159	97	62
上海市、福建省、浙江省 Shanghai, Fujian Province and Zhejiang Province	1834	778	1056	4970	2583	2387
上海应用物理研究所 Shanghai Inst. of Applied Physics	131	48	83	357	156	201
上海天文台 Shanghai Observatory	45	18	27	124	56	68

续表 7-3

授予博士学位 Doctor's degree				授予硕士学位 Master's degree			
合计 Total	理学 Natural sciences	工学 Enginee-ring sciences	其他 Others	合计 Total	理学 Natural sciences	工学 Enginee-ring sciences	其他 Others
378	190	178	10	233	73	151	9
120	78	42		29	6	23	
43	36		7	49	35	6	8
				43		43	
43		43		43		43	
89		89		34		34	
83	76	4	3	35	32	2	1
260	193	67		155	60	95	
118	51	67		117	22	95	
109	109			24	24		
33	33			14	14		
654	449	205		264	122	142	
46	26	20		40	20	20	
10	10			9	9		

招生单位 Institution	录取研究生 Enrollment in 2007			在学研究生 Total enrollment		
	合计 Total	博士 Ph.D.	硕士 MS	合计 Total	博士 Ph.D.	硕士 MS
上海硅酸盐研究所 Shanghai Inst. of Ceramics	138	59	79	344	178	166
上海有机化学研究所 Shanghai Inst. of Organic Chemistry	170	75	95	441	173	268
上海药物研究所 Shanghai Inst. of Materia Medica	161	69	92	419	214	205
上海生命科学研究院 Shanghai Institutes for Biological Sciences	489	229	260	1469	965	504
上海微系统与信息技术研究所 Shanghai Inst. of Microsystem and Information Technology	141	56	85	372	168	204
上海光学精密机械研究所 Shanghai Inst. of Optics and Fine Mechanics	172	68	104	451	216	235
上海技术物理研究所 Shanghai Inst. of Technical Physics	125	55	70	357	183	174
福建物质结构研究所 Fujian Inst. of Research on the Structure of Matter	117	45	72	300	138	162
宁波材料技术与工程研究所 Ningbo Inst. of Material Technology and Engineering	73	23	50	158	49	109
上海巴斯德研究所 Inst. Pasteur of Shanghai	27	13	14	49	26	23
城市环境研究所 Inst. of Urban Environment	45	20	25	129	61	68
江苏省 Jiangsu Province	251	106	145	713	343	370
紫金山天文台 Purple Mountain Observatory	33	13	20	101	46	55
南京地理与湖泊研究所 Nanjing Inst. of Geography and Limnology	56	27	29	159	86	73
南京地质古生物研究所 Nanjing Inst. of Geology and Palaeontology	18	6	12	55	20	35
南京土壤研究所 Nanjing Inst. of Soil Science	90	42	48	263	140	123

续表 7-3

授予博士学位 Doctor's degree				授予硕士学位 Master's degree			
合计 Total	理学 Natural sciences	工学 Enginee-ring sciences	其他 Others	合计 Total	理学 Natural sciences	工学 Enginee-ring sciences	其他 Others
48		48		27		27	
81	81			17	17		
53	53			19	19		
204	204			22	22		
49		49		31		31	
53	10	43		33	1	32	
69	25	44		19	4	15	
41	40	1		46	30	16	
				1		1	
84	52		32	78	60	4	14
11	11			22	22		
30	30			18	14	4	
11	11			10	10		
32			32	28	14		14

招 生 单 位 Institution	录取研究生 Enrollment in 2007			在学研究生 Total enrollment		
	合 计 Total	博 士 Ph.D.	硕 士 MS	合 计 Total	博 士 Ph.D.	硕 士 MS
南京中科天文仪器有限公司 CAS Nanjing Astronomic Instrument Co., Ltd.	2		2	5		5
苏州纳米技术与纳米仿生研究所 Suzhou Inst. of Nano-tech and Nano-bionics	52	18	34	130	51	79
安徽省 Anhui Province	3697	898	2799	10161	3016	7145
合肥物质科学研究院 Hefei Institutes of Physical Sciences	346	135	211	980	435	545
中国科学技术大学 University of Science and Technology of China	3351	763	2588	9181	2581	6600
湖北省 Hubei Province	475	197	278	1390	681	709
武汉物理与数学研究所 Wuhan Inst. of Physics and Mathematics	89	37	52	254	133	121
武汉岩土力学研究所 Wuhan Inst. of Rock and Soil Mechanics	64	29	35	179	96	83
测量与地球物理研究所 Inst. of Geodesy and Geophysics	38	13	25	105	46	59
武汉植物园 Wuhan Botanical Garden	46	16	30	139	54	85
水生生物研究所 Inst. of Hydrobiology	162	69	93	483	240	243
武汉病毒研究所 Wuhan Inst. of Virology	76	33	43	230	112	118
广东省、湖南省 Guangdong and Hunan Provinces	599	242	357	1761	831	930
中科院广州化学有限公司 CAS Guangzhou Chemistry Co., Ltd.	26	9	17	80	26	54
广州地球化学研究所 Guangzhou Inst. of Geochemistry	164	87	77	536	349	187
南海海洋研究所 South China Sea Inst. of Oceanology	95	39	56	290	133	157
华南植物园 South China Botanical Garden	100	34	66	277	101	176

续表 7-3

授予博士学位 Doctor's degree				授予硕士学位 Master's degree			
合计 Total	理学 Natural sciences	工学 Engineering sciences	其他 Others	合计 Total	理学 Natural sciences	工学 Engineering sciences	其他 Others
690	339	304	47	2134	264	606	1264
119	74	45		106	57	49	
571	265	259	47	2028	207	557	1264
148	114	34		127	111	16	
28	28			27	27		
31		31		13		13	
4	1	3		11	8	3	
13	13			16	16		
49	49			33	33		
23	23			27	27		
190	179	11		158	127	26	5
10	10			12	11	1	
98	98			44	43	1	
34	34			32	30	1	1
27	27			35	35		

招 生 单 位 Institution	录取研究生 Enrollment in 2007			在学研究生 Total enrollment		
	合 计 Total	博 士 Ph.D.	硕 士 MS	合 计 Total	博 士 Ph.D.	硕 士 MS
广州能源研究所 Guangzhou Inst. of Energy Conversion	53	15	38	153	54	99
亚热带农业生态研究所 Inst. of Subtropical Agriculture	43	16	27	121	49	72
广州生物医药与健康研究院 Guangzhou Institutes of Biomedicine and Health	47	22	25	141	71	70
深圳先进技术研究院 Shenzhen Institutes of Advanced Technology	71	20	51	163	48	115
四川省 Sichuan Province	346	146	200	955	453	502
中国科学院成都有机化学有限公司 CAS Chengdu Organic Chemistry Co., Ltd.	59	31	28	151	87	64
成都山地灾害与环境研究所 Chengdu Inst. of Mountain Hazards and Environment	56	25	31	154	75	79
成都生物研究所 Chengdu Inst. of Biology	91	34	57	257	106	151
中科院成都信息技术有限公司 CAS Chengdu Information Technology Co., Ltd.	39	17	22	108	49	59
光电技术研究所 Inst. of Optics and Electronics	101	39	62	285	136	149
云南省、贵州省 Yunnan and Guizhou Provinces	354	143	211	1046	482	564
云南天文台 Yunnan Astronomical Observatory	37	14	23	110	48	62
昆明植物研究所 Kunming Inst. of Botany	92	41	51	283	132	151
西双版纳热带植物园 Xishuangbanna Tropical Botanical Garden	57	17	40	178	60	118
昆明动物研究所 Kunming Inst. of Zoology	76	32	44	211	101	110
地球化学研究所 Inst. of Geochemistry	92	39	53	264	141	123

续表 7-3

授予博士学位 Doctor's degree				授予硕士学位 Master's degree			
合计 Total	理学 Natural sciences	工学 Engineering sciences	其他 Others	合计 Total	理学 Natural sciences	工学 Engineering sciences	其他 Others
11		11		23		23	
10	10			12	8		4
134	83	51		125	68	57	
28	21	7		16	15	1	
28	28			17	13	4	
35	34	1		39	38	1	
7		7		22		22	
36		36		31	2	29	
102	102			108	108		
8	8			18	18		
32	32			29	29		
13	13			28	28		
22	22			19	19		
27	27			14	14		

招生单位 Institution	录取研究生 Enrollment in 2007			在学研究生 Total enrollment		
	合计 Total	博士 Ph.D.	硕士 MS	合计 Total	博士 Ph.D.	硕士 MS
陕西省 Shaanxi Province	241	84	157	686	277	409
国家授时中心 National Time Service Center	44	11	33	103	31	72
水土保持与生态环境研究中心 Inst. of Soil and Water Conservation	46	20	26	139	72	67
西安光学精密机械研究所 Xi'an Inst. of Optics and Precision Mechanics	119	39	80	358	137	221
地球环境研究所 Inst. of Earth Environment	32	14	18	86	37	49
甘肃省、青海省 Gansu and Qinghai Provinces	445	200	245	1275	642	633
近代物理研究所 Inst. of Modern Physics	89	38	51	228	108	120
兰州化学物理研究所 Lanzhou Inst. of Chemical Physics	106	53	53	326	182	144
兰州地质研究所 Lanzhou Inst. of Geology	22	9	13	51	20	31
青海盐湖研究所 Qinghai Inst. of Saline Lakes	46	11	35	116	28	88
西北高原生物研究所 Northwest Inst. of Plateau Biology	46	15	31	136	54	82
寒区旱区环境与工程研究所 Cold and Arid Regions Environmental and Engineering Research Inst.	136	74	62	418	250	168
新疆维吾尔自治区 Xinjiang Uygur Autonomous Region	188	66	122	522	190	332
乌鲁木齐天文站 Urumqi Astromomical Observatorial Station	15	3	12	39	6	33
新疆理化技术研究所 Xinjiang Technical Inst. of Physics and Chemistry	66	24	42	167	51	116
新疆生态与地理研究所 Xinjiang Inst. of Ecology and Geography	107	39	68	316	133	183

续表 7-3

授予博士学位 Doctor's degree				授予硕士学位 Master's degree			
合计 Total	理学 Natural sciences	工学 Engineering sciences	其他 Others	合计 Total	理学 Natural sciences	工学 Engineering sciences	其他 Others
55	33	14	8	113	28	68	17
8	8			20	4	16	
13	5		8	20	3		17
20	6	14		62	10	52	
14	14			11	11		
186	171	14	1	154	136	18	
24	15	9		28	21	7	
60	59	1		22	18	4	
8	8			7	7		
12	12			17	16	1	
18	17		1	30	30		
64	60	4		50	44	6	
24	24			86	65	16	5
				8	8		
3	3			26	10	16	
21	21			52	47		5

7-4 中国科学院院长奖学金获奖情况

Statistics of CAS President's Scholarship

单位：人 (person)

年 份 Year	获特别奖人数 Number of special awards	获优秀奖人数 Number of excellence awards
1989	8	136
1990	10	145
1991	10	142
1992	9	154
1993	10	154
1994	15	151
1995	16	152
1996	20	150
1997	20	149
1998	20	150
1999	20	150
2000	20	149
2001	19	151
2002	20	150
2003	20	200
2004	20	199
2005	20	196
2006	20	199
2007	20	200
2008	20	200
2009	20	200

7-5 博士后情况(2009年)

Post-doctoral: 2009

单位：人 (person)

单位 Institutions	在站博士后人数 Number of persons at post-doctoral researcher centers	其中:外籍博士后在站人数 Of which: Number of post-doctors with foreign citizenship	当年进站博士后人数 Number of post-doctors enrolled in 2009	其中:外籍博士后在站人数 Of which: Number of post-doctors with foreign citizenship	当年出站博士后人数 Number of post-doctors graduated from centers in 2009
总 计 Total	**2570**	**34**	**1060**	**16**	**508**
北京市 Beijing	1192	12	537	7	228
数学与系统科学研究院 Academy of Mathematics and Systems Science	50	1	26	1	17
物理研究所 Inst. of Physics	19		11		7
声学研究所 Inst. of Acoustics	20	1	9	1	6
理论物理研究所 Inst. of Theoretical Physics	16	2	6	1	6
高能物理研究所 Inst. of High Energy Physics	59		31	2	20
国家天文台 National Astronomical Observatories of China	21		7		
力学研究所 Inst. of Mechanics	17		10		
化学研究所 Inst. of Chemistry	55		32		19
理化技术研究所 Technical Inst. of Physics and Chemistry	17		8		
生态环境研究中心 Research Center for Eco-Environmental Sciences	74	2	36	1	9
过程工程研究所 Inst. of Process Engineering	17		8		3
地理科学与资源研究所 Inst. of Geographical Sciences and Natural Resources Research	126		45		37

续表 7-5

单位 Institutions	在站博士后人数 Number of persons at post-doctoral researcher centers	其中:外籍博士后在站人数 Of which: Number of post-doctors with foreign citizenship	当年进站博士后人数 Number of post-doctors enrolled in 2009	其中:外籍博士后在站人数 Of which: Number of post-doctors with foreign citizenship	当年出站博士后人数 Number of post-doctors graduated from centers in 2009
遥感应用研究所 Inst. of Remote Sensing Application	30		14		4
地质与地球物理研究所 Inst. of Geology and Geophysics	115		45		
古脊椎动物与古人类研究所 Inst. of Vertebrate Paleontology and Paleoanthropology	12		3		
大气物理研究所 Inst. of Atmospheric Physics	16	1	6	1	4
植物研究所 Inst. of Botany	47	2	21		13
动物研究所 Inst. of Zoology	58	2	23		4
心理研究所 Inst. of Psychology	20		12		8
微生物研究所 Inst. of Microbiology	31		18		3
生物物理研究所 Inst. of Biophysics	45	1	20		11
遗传与发育生物学研究所 Inst. of Genetics and Developmental Biology	44		29		5
北京基因组研究所 Beijing Inst. of Genomics					
计算技术研究所 Inst. of Computing Technology	18		15		4
软件研究所 Inst. of Software	11		5		3
半导体研究所 Inst. of Semiconductors	28		2		
电工研究所 Inst. of Electrical Engineering	14		6		6
自动化研究所 Inst. of Automation	51		15		13
对地观测与数字地球科学中心 Center for Earth Observation and Digital Earth					
电子学研究所 Inst. of Electronics	3		1		

单位 Institutions	在站博士后人数 Number of persons at post-doctoral researcher centers	其中:外籍博士后在站人数 Of which: Number of post-doctors with foreign citizenship	当年进站博士后人数 Number of post-doctors enrolled in 2009	其中:外籍博士后在站人数 Of which: Number of post-doctors with foreign citizenship	当年出站博士后人数 Number of post-doctors graduated from centers in 2009
工程热物理研究所 Inst. of Engineering Thermophysics	10		4		5
空间科学与应用研究中心 Center for Space Science and Applied Research	11		5		2
自然科学史研究所 Inst. of History of Natural Sciences			1		
微电子研究所 Inst. of Microelectronics	13		9		5
科技政策与管理科学研究所 Inst. of Policy and Management	18		6		
青藏高原研究所 Inst.of Qinghai-Tibet Plateau	20		7		2
国家纳米科学中心 National Center for Nano Science and Technology of China	9		3		3
光电研究院 Institutes of Optoelectronics					
中国科学院研究生院 Graduate University of Chinese Academy of Sciences	76		38		8
计算机网络信息中心 Computer Network Information Center	1				1
山西省 Shanxi Province	2		1		
山西煤炭化学研究所 Shanxi Inst. of Coal Chemistry	2		1		
辽宁省、山东省 Liaoning and Shandong Provinces	183	1	62		31
大连化学物理研究所 Dalian Inst. of Chemical Physics	61	1	23		8
沈阳应用生态研究所 Shenyang Inst. of Applied Ecology	25		8		2
金属研究所 Inst. of Metals Research	40		10		6
沈阳自动化研究所 Shenyang Inst. of Automation	11		3		9
海洋研究所 Inst. of Oceanology	46		18		6

续表 7-5

单位 Institutions	在站博士后人数 Number of persons at post-doctoral researcher centers	其中:外籍博士后在站人数 Of which: Number of post-doctors with foreign citizenship	当年进站博士后人数 Number of post-doctors enrolled in 2009	其中:外籍博士后在站人数 Of which: Number of post-doctors with foreign citizenship	当年出站博士后人数 Number of post-doctors graduated from centers in 2009
烟台海岸带研究所 Yantai Inst. of Coastal Zone Research					
青岛生物能源与过程研究所 Qingdao Inst. of Bioenergy and Bioprocess Technology					
吉林省 Jilin Province	94	1	39	1	26
长春应用化学研究所 Changchun Inst. of Applied Chemistry	61	1	28	1	15
长春光学精密机械与物理研究所 Changchun Inst. of Optics, Fine Mechanics and Physics	21		5		7
东北地理与农业生态研究所 Northeast Inst. of Geography and Agricultural Ecology	12		6		4
上海市、福建省、浙江省 Shanghai, Fujian Province and Zhejiang Province	307	10	136	4	81
上海应用物理研究所 Shanghai Inst. of Applied Physics	18		12		6
上海天文台 Shanghai Observatory	14	4	6	1	4
上海硅酸盐研究所 Shanghai Inst. of Ceramics	14		11		3
上海有机化学研究所 Shanghai Inst. of Organic Chemistry	17	2	12	2	10
上海药物研究所 Shanghai Inst. of Materia Medica	24		11		7
上海生命科学研究院 Shanghai Institutes for Biological Sciences	123	4	62	1	38
上海微系统与信息技术研究所 Shanghai Inst. of Microsystem and Information Technology	28		6		4
上海光学精密机械研究所 Shanghai Inst. of Optics and Fine Mechanics	8		4		3

续表 7-5

单位 Institutions	在站博士后人数 Number of persons at post-doctoral researcher centers	其中:外籍博士后在站人数 Of which: Number of post-doctors with foreign citizenship	当年进站博士后人数 Number of post-doctors enrolled in 2009	其中:外籍博士后在站人数 Of which: Number of post-doctors with foreign citizenship	当年出站博士后人数 Number of post-doctors graduated from centers in 2009
上海技术物理研究所 Shanghai Inst. of Technical Physics	15		5		2
福建物质结构研究所 Fujian Inst. of Research on the Structure of Matter	8		3		2
宁波材料技术与工程研究所 Ningbo Inst. of Material Technology and Engineering	32		2		
城市环境研究所 Inst. of Urban Environment	6		2		2
江苏省 Jiangsu Province	106		39		4
紫金山天文台 Purple Mountain Observatory	8		1		1
南京地理与湖泊研究所 Nanjing Inst. of Geography and Limnology	27		5		
南京地质古生物研究所 Nanjing Inst. of Geology and Palaeontology	6		2		1
南京土壤研究所 Nanjing Inst. of Soil Science	28		8		2
苏州纳米技术与纳米仿生研究所 Suzhou Inst. of Nano-tech and Nano-bionics	37		23		
安徽省 Anhui Province	332	3	154		82
合肥物质科学研究院 Hefei Institutes of Physical Sciences	43	2	21		6
中国科学技术大学 University of Science and Technology of China	289	1	133		76
湖北省 Hubei Province	62	3	18		14
武汉物理与数学研究所 Wuhan Inst. of Physics and Mathematics	12		3		2

单位 Institutions	在站博士后人数 Number of persons at post-doctoral researcher centers	其中:外籍博士后在站人数 Of which: Number of post-doctors with foreign citizenship	当年进站博士后人数 Number of post-doctors enrolled in 2009	其中:外籍博士后在站人数 Of which: Number of post-doctors with foreign citizenship	当年出站博士后人数 Number of post-doctors graduated from centers in 2009
水生生物研究所 Inst. of Hydrobiology	23	2	9		6
武汉病毒研究所 Wuhan Inst.of Virology	3		2		
测量与地球物理研究所 Inst. of Geodesy and Geophysics	3	1			
武汉岩土力学研究所 Wuhan Inst. of Rock and Soil Mechanics	19		3		6
武汉植物园 Wuhan Botanical Garden	2		1		
广东省、湖南省 Guangdong and Hunan Provinces	100	1	17	1	14
广州地球化学研究所 Guangzhou Inst. of Geochemistry	44	1	7	1	10
南海海洋研究所 South China Sea Inst. of Oceanology	19		6		4
华南植物园 South China Botanical Garden	13		1		
亚热带农业生态研究所 Inst. of Subtropical Agriculture					
广州生物医药与健康研究院 Guangzhou Institutes of Biomedicine and Health					
广州能源研究所 Guangzhou Inst. of Energy Conversion					
深圳先进技术研究院 Shenzhen Institutes of Advanced Technology	24		3		
云南省、贵州省 Yunnan and Guizhou Provinces	64	3	23	3	15
地球化学研究所 Inst. of Geochemistry	32		13	1	13
昆明植物研究所 Kunming Inst. of Botany	11		6		1
昆明动物研究所 Kunming Inst. of Zoology	16	3	2	2	1
西双版纳热带植物园 Xishuangbanna Tropical Botanical Garden	5		2		

单位 Institutions	在站博士后人数 Number of persons at post-doctoral researcher centers	其中:外籍博士后在站人数 Of which: Number of post-doctors with foreign citizenship	当年进站博士后人数 Number of post-doctors enrolled in 2009	其中:外籍博士后在站人数 Of which: Number of post-doctors with foreign citizenship	当年出站博士后人数 Number of post-doctors graduated from centers in 2009
四川省 Sichuan Province	16		8		2
成都山地灾害与环境研究所 Chengdu Inst. of Mountain Hazards and Environment	8		2		
成都生物研究所 Chengdu Inst. of Biology	2		2		
光电技术研究所 Inst. of Optics and Electronics	6		4		2
陕西省 Shaanxi Province	20		7		2
西安光学精密机械研究所 Xi'an Inst. of Optics and Precision Mechanics	17		5		2
地球环境研究所 Inst. of Earth Environment	3		2		
国家授时中心 National Time Service Center					
甘肃省、青海省 Gansu and Qinghai Provinces	84		14		9
近代物理研究所 Inst. of Modern Physics	13		2		
兰州化学物理研究所 Lanzhou Inst. of Chemical Physics	15		5		4
寒区旱区环境与工程研究所 Cold and Arid Regions Environmental and Engineering Research Inst.	52		5		
青海盐湖研究所 Qinghai Inst. of Saline Lakes	1		1		
西北高原生物研究所 Northwest Inst. of Plateau Biology	3		1		5
新疆维吾尔自治区 Xinjiang Uygur Autonomous Region	8		5		
新疆理化技术研究所 Xinjiang Technical Inst. of Physics and Chemistry					
新疆生态与地理研究所 Xinjiang Inst. of Ecology and Geography	8		5		

7-6 派往国外及香港地区留学人员情况

Statistics of Students and Visiting Scholars Sent Abroad and to Hong Kong Special Administrative Region

单位：人 (person)

年 份 Year	派出总人数 Total number of persons sent abroad	访问学者 Visiting scholars	研究生 Graduate students	回国人数 Number of people returned
1979	588	489	99	408
1980	651	520	131	517
1981	725	566	159	536
1982	520	395	125	186
1983	559	389	170	36
1984	435	325	110	549
1985	779	555	224	302
1986	919	504	415	317
1987	710	420	290	295
1988	591	373	218	214
1989	410	355	55	199
1990	360	325	35	70
1991	326	313	13	113
1992	389	366	23	226
1993	373	346	27	230
1994	409	378	31	347
1995	415	369	46	322
1996	357	308	49	293
1997	361	331	30	308
1998	432	383	49	543
1999	378	340	38	464
2000	528	447	81	492
2001	401	307	94	360
2002	412	315	97	330
2003	427	351	76	329
2004	313	252	61	298
2005	314	275	39	251
2006	276	272	4	227
2007	311	263	48	242
2008	571	518	53	526
2009	564	517	47	190

7-7　派往国外及香港地区留学人员情况(2009 年)

Statistics of Students and Visiting Scholars Sent Abroad and to Hong Kong Special Administrative Region: 2009

单位：人　　(person)

派往国家和地区 Country and region	当年派出人数 Number of people sent abroad in current year			年龄组 Age group			研究课题性质 Field of study		
	总计 Total	访问学者 Visiting scholars	研究生 Graduate students	30 岁以下 Under 30	30~40 岁 30~40	40 岁以上 Over 40	基础 Basic	应用 Applied	其他 Others
合计 Total	**564**	**517**	**47**	**82**	**281**	**201**	**392**	**119**	**53**
美国 USA	245	245		14	134	97	172	41	32
加拿大 Canada	49	49		2	26	21	39	8	2
英国 England	51	51		4	34	13	28	17	6
法国 France	28	28		6	12	10	18	6	4
德国 Germany	70	23	47	47	15	8	61	8	1
日本 Japan	23	23			10	13	18	5	
澳大利亚 Australia	47	47		3	23	21	32	10	5
荷兰 Netherlands	13	13		2	7	4	5	8	
瑞典 Sweden	4	4			2	2	2	2	
新加坡 Singapore	3	3		1	2		3		
其他 Others	31	31		3	16	12	14	14	3

7-8 职工继续教育

Statistics of Staff Continued Education and

单位：人次

单位 Unit	总计 Total	技能培训 Skill training		科技知识 S&T knowledge			
		外语培训 Foreign languages	计算机培训 Computer	专业高级研讨班 S&T seminar	学术会议 Academic meeting	科技讲座 S&T lecture	国内地区进修 Inland advanced study
合计 Total	**250808**	**1883**	**5124**	**18504**	**46847**	**68048**	**1423**
一、地区培训 By region							
北京地区 Beijing region	108166	555	2000	10323	21966	32378	611
沈阳地区 Shenyang region	22622	245	1381	1629	4175	6445	66
长春地区 Changchun region	11400	383	393	765	981	2781	50
上海地区 Shanghai region	22158	303	266	1440	6188	7925	286
南京地区 Nanjing region	13553	5	132	491	1022	2616	12
合肥地区 Hefei region	8273	2	13	324	3568	2097	1
武汉地区 Wuhan region	14392	73	164	2030	2295	5122	99
广州地区 Guangzhou region	7013	4	82	61	1219	3816	33

和社会培训情况(2009 年)

Personnel Trained for the Society: 2009

(person · time)

技术岗位培训 Technical training	管理干部培训 Training for adminis-trator	学历教育 Schooling education		境外培训 Oversea training	为社会培训 Trained for the society	其他培训 Other training
		在职攻读学位 Study for degrees at job	成人高教 Adult higher education			
29067	**19431**	**1005**	**421**	**1613**	**46386**	**11056**
15395	7623	231	49	404	12176	4455
2176	888	65	5	37	2524	2986
4868	742	45	3	9	175	205
1608	1162	161	28	654	1232	905
206	340	15	0	29	8500	185
797	1091	22	0	2	0	356
343	1498	21	0	142	2525	80
546	243	37	0	54	605	313

单 位 Unit	总 计 Total	技能培训 Skill training		科技知识 S&T knowledge			
		外语培训 Foreign languages	计算机培训 Computer	专业高级研讨班 S&T seminar	学术会议 Academic meeting	科技讲座 S&T lecture	国内地区进修 Inland advanced study
成都地区 Chengdu region	2196	20	20	307	326	461	4
昆明地区 Kunming region	5719	0	320	82	2511	1169	32
西安地区 Xi'an region	6942	4	2	293	538	1184	8
兰州地区 Lanzhou region	18405	121	183	660	1576	1379	186
新疆地区 Xinjiang region	1855	8	58	15	132	25	25
二、院校培训 By College							
中国科学院研究生院 Graduate University of Chinese Academy of Sciences	4552	100	50	50	150	50	10
中国科学技术大学 University of Science and Technology of China	3562	60	60	34	200	600	0

续表 7-8

技术岗位培训 Technical training	管理干部培训 Training for adminis-trator	学历教育 Schooling education		境外培训 Oversea training	为社会培训 Trained for the society	其他培训 Other training
		在职攻读学位 Study for degrees at job	成人高教 Adult higher education			
370	545	69	0	5	57	12
247	293	20	7	43	530	465
1382	1842	107	1	17	940	624
921	1778	169	16	185	10792	439
160	836	23	0	12	530	31
0	100	20	2	20	4000	0
48	450	0	310	0	1800	0

7-9 中国科学院“百人计划”招聘情况

Young Scholars Selected into CAS Hundred Talents Program

年份 Year	招聘人数 Number of scholars selected	招聘类别 Types for selection			
		国内“百人计划” Domestic “Hundred Talents Program”	引进国外杰出人才 Bring in outstanding talents from abroad	项目“百人计划” “Hundred Talents Program”	海外知名学者 Introduce overseas celebrated scholars
合计 Total	**2161**	**305**	**1427**	**78**	**351**
1994	14	14			
1995	20	20			
1996	28	28			
1997	88	69	19		
1998	104	32	72		
1999	115	13	102		
2000	203	13	190		
2001	133	11	105		17
2002	134	23	86		25
2003	92	9	75		8
2004	236	19	156		61
2005	292	17	162		113
2006	90	10	80		
2007	59	2	57		
2008	254	15	147	33	59
2009	299	10	176	45	68

注：“百人计划”是我院引进优秀人才计划的总称，从 1997 年起，它分为“引进国外杰出人才”计划和国内“百人计划”两部分；从 2001 年起，增设“海外知名学者”计划；从 2007 年起增设项目“百人计划”。

Note: “Hundred Talents Program” is a general term for the program of introducing excellent talents to CAS. Since 1997, the “Hundred Talents Program” has been expanded to two programs: “Bring in Outstanding Talents from Abroad” and “Domestic Hundred Talents Program”. From 2001, another program of “Introduce Overseas Celebrated Sholars” has been established. From 2007, an updated “Hundred Talents Program” has been established.

7-10 中国科学院“百人计划”各单位招聘情况
Young Scholars Selected into CAS Hundred Talents Program, by Institution

单 位 Unit	招聘人数 Introduced talents
总 计 **Total**	**2161**
北京市 Beijing	890
数学与系统科学研究院 Academy of Mathematics and Systems Science	39
物理研究所 Inst. of Physics	87
声学研究所 Inst. of Acoustics	13
理论物理研究所 Inst. of Theoretical Physics	21
理化技术研究所 Technical Inst. of Physics and Chemistry	23
高能物理研究所 Inst. of High Energy Physics	34
国家天文台 National Astronomical Observatories of China	26
力学研究所 Inst. of Mechanics	19
化学研究所 Inst. of Chemistry	76
生态环境研究中心 Research Center for Eco-Environmental Sciences	24
国家纳米科学中心 National Center for Nano Science and Technology of China	10
过程工程研究所 Inst. of Process Engineering	23
地理科学与资源研究所 Inst. of Geographic Sciences and Natural Resources Research	29
青藏高原研究所 Inst.of Qinghai-Tibet Plateau	12
地质与地球物理研究所 Inst. of Geology and Geophysics	24
古脊椎动物与古人类研究所 Inst. of Vertebrate Paleontology and Paleoanthropology	7
大气物理研究所 Inst. of Atmospheric Physics	28

续表 7-10

单　位 Unit	招聘人数 Introduced talents
遥感应用研究所 Inst. of Remote Sensing Application	8
植物研究所 Inst. of Botany	33
动物研究所 Inst. of Zoology	31
心理研究所 Inst. of Psychology	7
微生物研究所 Inst. of Microbiology	29
生物物理研究所 Inst. of Biophysics	33
遗传与发育生物学研究所 Inst. of Genetics and Developmental Biology	52
北京基因组研究所 Beijing Inst. of Genomics	14
对地观测与数字地球科学中心 Center for Earth Observation and Digital Earth	1
光电研究院 Institutes of Optoelectronics	2
计算技术研究所 Inst. of Computing Technology	17
软件研究所 Inst. of Software	8
半导体研究所 Inst. of Semiconductors	21
微电子研究所 Inst. of Microelectronics	13
电子学研究所 Inst. of Electronics	14
电工研究所 Inst. of Electrical Engineering	12
工程热物理研究所 Inst. of Engineering Thermophysics	14
空间科学与应用研究中心 Center for Space Science and Applied Research	14
自动化研究所 Inst. of Automation	23
自然科学史研究所 Inst. of History of Natural Sciences	2
中国科学院研究生院 Graduate University of Chinese Academy of Sciences	35

续表 7-10

单 位 Unit	招聘人数 Introduced talents
天津工业生物技术研究所(筹) Tianjin Inst. of Industrial Biotechnology	12
山西省 Shanxi Province	9
山西煤炭化学研究所 Shanxi Inst. of Coal Chemistry	9
辽宁省、山东省 Liaoning and Shandong Provinces	166
大连化学物理研究所 Dalian Inst. of Chemical Physics	55
沈阳应用生态研究所 Shenyang Inst. of Applied Ecology	15
沈阳自动化研究所 Shenyang Inst. of Automation	9
金属研究所 Inst. of Metals Research	45
海洋研究所 Inst. of Oceanology	28
青岛生物能源与过程研究所 QingDao Inst. of Bioenergy and Bioprocess Technology	8
烟台海岸带研究所 Yantai Inst. of Coastal Zone Research	6
吉林省 Jilin Province	55
长春应用化学研究所 Changchun Inst. of Applied Chemistry	31
东北地理与农业生态研究所 Northeast Inst. of Geography and Agricultural Ecology	9
长春光学精密机械与物理研究所 Changchun Inst. of Optics，Fine Mechanics and Physics	15
上海市、福建省 Shanghai, Fujian Province	364
上海应用物理研究所 Shanghai Inst. of Applied Physics	17
上海天文台 Shanghai Observatory	12
上海硅酸盐研究所 Shanghai Inst. of Ceramics	31
上海有机化学研究所 Shanghai Inst. of Organic Chemistry	40
上海生命科学研究院 Shanghai Institutes for Biological Sciences	146

续表 7-10

单　位 Unit	招聘人数 Introduced talents
上海药物研究所 Shanghai Inst. of Materia Medica	11
上海巴斯德研究所 Inst. Pasteur of Shanghai	5
上海微系统与信息技术研究所 Shanghai Inst. of Microsystem and Information Technology	17
上海光学精密机械研究所 Shanghai Inst. of Optics and Fine Mechanics	30
上海技术物理研究所 Shanghai Inst. of Technical Physics	10
福建物质结构研究所 Fujian Inst. of Research on the Structure of Matter	24
城市环境研究所 Inst. of Urban Invironment	8
宁波材料技术与工程研究所 Ningbo Inst. of Materials Technology and Engineering	13
江苏省 Jiangsu Province	63
紫金山天文台 Purple Mountain Observatory	13
南京地理与湖泊研究所 Nanjing Inst. of Geography and Limnology	9
南京地质古生物研究所 Nanjing Inst. of Geology and Palaeontology	11
南京土壤研究所 Nanjing Inst. of Soil Science	14
苏州纳米技术与纳米仿生研究所 Suzhou Inst. of Nano-Tech and Nano-bionics	16
安徽省 Anhui Province	183
合肥物质科学研究院 Hefei Institutes of Physical Sciences	45
中国科学技术大学 University of Science and Technology of China	138
湖北省、湖南省 Hubei and Hunan Provinces	68
武汉物理与数学研究所 Wuhan Inst. of Physics and Mathematics	25
武汉岩土力学研究所 Wuhan Inst. of Rock and Soil Mechanics	6
武汉植物园 Wuhan Botanical Garden	12

续表 7-10

单　位 Unit	招聘人数 Introduced talents
水生生物研究所 Inst. of Hydrobiology	14
武汉病毒研究所 Wuhan Inst. of Virology	9
测量与地球物理研究所 Inst. of Geodesy and Geophysics	2
广东省 Guangdong Province	102
广州地球化学研究所 Guangzhou Inst. of Geochemistry	22
南海海洋研究所 South China Sea Inst. of Oceanology	26
华南植物园 South China Botanical Garden	10
广州能源研究所 Guangzhou Inst. of Energy Conversion	15
亚热带农业生态研究所 Inst. of Subtropical Agriculture	5
中科院广州化学有限公司 CAS Guangzhou Chemistry Co., Ltd.	2
深圳先进技术研究院 Shen Zhen Institutes of Advanced Technology	10
广州生物医药与健康研究院 Guangzhou Institutes of Biomedicine and Health	12
四川省 Sichuan Province	36
成都山地灾害与环境研究所 Chengdu Inst. of Mountain Hazards and Environment	6
成都生物研究所 Chengdu Inst. of Biology	12
光电技术研究所 Inst. of Optics and Electronics	11
国家科学图书馆成都分院 The Chengdu Branch of the National Science Library	1
中科院成都信息技术有限公司 CAS Chengdu Information Technology Co., Ltd.	1
中国科学院成都有机化学有限公司 CAS Chengdu Organic Chemistry Co., Ltd.	5
云南省、贵州省 Yunnan and Guizhou Provinces	62
昆明植物研究所 Kunming Inst. of Botany	13

续表 7-10

单 位 Unit	招聘人数 Introduced talents
西双版纳热带植物园 Xishuangbanna Tropical Botanical Garden	9
昆明动物研究所 Kunming Inst. of Zoology	15
地球化学研究所 Inst. of Geochemistry	25
陕西省 Shaanxi Province	42
西安光学精密机械研究所 Xi’an Inst. of Optics and Precision Mechanics	16
地球环境研究所 Inst. of Earth Environment	9
水土保持与生态环境研究中心 Inst. of Soil and Water Conservation	15
国家授时中心 National Time Service Center	2
甘肃省、青海省 Gansu and Qinghai Provinces	101
近代物理研究所 Inst. of Modern Physics	25
兰州化学物理研究所 Lanzhou Inst. of Chemical Physics	24
寒区旱区环境与工程研究所 Cold and Arid Regions Environmental and Engineering Research Inst.	33
兰州地质研究所 Lanzhou Inst. of Geology	3
青海盐湖研究所 Qinghai Inst. of Saline Lakes	9
西北高原生物研究所 Northwest Inst. of Plateau Biology	7
新疆维吾尔自治区 Xinjiang Uygur Autonomous Region	20
新疆理化技术研究所 Xinjiang Technical Inst. of Physics and Chemistry	11
新疆生态与地理研究所 Xinjiang Inst. of Ecology and Geography	9

八、专利、科技论文、获奖成果

PATENTS, S&T PAPERS AND AWARD-WINNING ACHIEVEMENTS

8-1 专利申请受理量及授权量

Number of Patents Applied and Granted

单位：件　　　　(item)

年 份 Year	申请量 Applied				授权量 Granted			
	合计 Total	发 明 Invention	实用新型 Utility model	外观设计 Exterior design	合计 Total	发 明 Invention	实用新型 Utility model	外观设计 Exterior design
1985~1990	1607	988	619		790	371	419	
1991	298	190	107	1	168	89	79	
1992	367	228	139		212	105	107	
1993	414	262	150	2	255	104	150	1
1994	453	269	182	2	197	81	112	4
1995	499	301	195	3	224	86	137	1
1996	791	467	318	6	192	86	105	1
1997	945	589	333	23	257	93	160	4
1998	1059	694	346	19	264	76	176	12
1999	1127	775	340	12	472	108	360	4
2000	1701	1218	468	15	802	442	352	8
2001	2010	1526	477	7	920	455	453	12
2002	2523	2002	502	19	1001	583	413	5
2003	3210	2617	578	15	1522	1055	450	17
2004	3546	2944	567	35	2034	1484	521	29
2005	3899	3328	492	79	1948	1498	429	21
2006	4008	3510	487	11	2098	1536	517	45
2007	4339	3907	426	6	2179	1659	508	12
2008	5616	5014	582	20	2665	2100	554	11
2009	6222	5685	529	8	3167	2613	539	15

注: 2009 年专利申请量和授权量中分别包括国外专利申请 204 件和国外专利授权 34 件。

Note: In 2009, the number of patents applied and granted in the table includes 204 patents applied and 34 patents granted overseas.

8-2 专利申请受理量及授权量(2009 年，按申请量排序)

Number of Patents Applied and Granted: 2009
(By the order of number of patents applied)

单位：件 (item)

机构名称 Institution	申请量 Applied				授权量 Granted			
	合计 Total	发明 Invention	实用新型 Utility model	外观设计 Exterior design	合计 Total	发明 Invention	实用新型 Utility model	外观设计 Exterior design
总计 Total	**6222**	**5685**	**529**	**8**	**3167**	**2613**	**539**	**15**
微电子研究所 Inst. of Microelectronics	369	346	23		51	50	1	
大连化学物理研究所 Dalian Inst. of Chemical Physics	308	304	4		99	94	5	
中国科学技术大学 University of Science and Technology of China	214	194	20		123	92	31	
上海硅酸盐研究所 Shanghai Inst. of Ceramics	207	196	11		59	58	1	
金属研究所 Inst. of Metals Research	203	177	26		131	100	31	
化学研究所 Inst. of Chemistry	183	183			93	93		
长春光学精密机械与物理研究所 Changchun Inst. of Optics，Fine Mechanics and Physics	175	174	1		117	108	8	1
半导体研究所 Inst. of Semiconductors	167	167			115	115		
长春应用化学研究所 Changchun Inst. of Applied Chemistry	166	164	2		112	111	1	
沈阳自动化研究所 Shenyang Inst. of Automation	162	97	65		79	33	46	
合肥物质科学研究院 Hefei Institutes of Physical Sciences	155	126	29		115	103	12	
声学研究所 Inst. of Acoustics	151	139	12		72	63	8	1
过程工程研究所 Inst. of Process Engineering	150	149	1		78	77	1	
计算技术研究所 Inst. of Computing Technology	147	146	1		151	146	4	1
上海光学精密机械研究所 Shanghai Inst. of Optics and Fine Mechanics	146	135	11		193	119	74	
深圳先进技术研究院 Shenzhen Institutes of Advanced Technology	132	104	26	2	35	7	27	1

续表 8-2

机构名称 Institution	申请量 Applied				授权量 Granted			
	合计 Total	发 明 Invention	实用新型 Utility model	外观设计 Exterior design	合计 Total	发 明 Invention	实用新型 Utility model	外观设计 Exterior design
上海微系统与信息技术研究所 Shanghai Inst. of Microsystem and Information Technology	118	118			37	37		
理化技术研究所 Technical Inst. of Physics and Chemistry	118	105	13		64	53	11	
西安光学精密机械研究所 Xi'an Inst. of Optics and Precision Mechanics	117	67	50		75	33	42	
福建物质结构研究所 Fujian Inst. of Research on the Structure of Matter	108	106	2		24	24		
电子学研究所 Inst. of Electronics	105	100	4	1	37	37		
物理研究所 Inst. of Physics	104	102	2		76	73	3	
生态环境研究中心 Research Center for Eco-Environmental Sciences	102	101	1		28	28		
兰州化学物理研究所 Lanzhou Inst. of Chemical Physics	96	93	3		21	21		
光电技术研究所 Inst. of Optics and Electronics	94	90	1	3	71	69	2	
上海生命科学研究院 Shanghai Institutes for Biological Sciences	92	92			35	34	1	
上海药物研究所 Shanghai Inst. of Materia Medica	89	89			22	22		
上海技术物理研究所 Shanghai Inst. of Technical Physics	87	87			58	57		1
自动化研究所 Inst. of Automation	84	83	1		62	61	1	
山西煤炭化学研究所 Shanxi Inst. of Coal Chemistry	76	67	9		56	55	1	
宁波材料技术与工程研究所 Ningbo Inst. of Material Technology and Engineering	73	71	2		3	3		
沈阳应用生态研究所 Shenyang Inst. of Applied Ecology	71	61	10		38	24	14	
电工研究所 Inst. of Electrical Engineering	70	69	1		84	80	4	
广州能源研究所 Guangzhou Inst. of Energy Conversion	69	54	15		37	18	19	

续表 8-2

机构名称 Institution	申请量 Applied				授权量 Granted			
	合计 Total	发 明 Invention	实用新型 Utility model	外观设计 Exterior design	合计 Total	发 明 Invention	实用新型 Utility model	外观设计 Exterior design
海洋研究所 Inst. of Oceanology	68	65	3		37	36	1	
武汉岩土力学研究所 Wuhan Inst. of Rock and Soil Mechanics	57	36	21		26	6	20	
上海有机化学研究所 Shanghai Inst. of Organic Chemistry	54	51	3		29	29		
工程热物理研究所 Inst. of Engineering Thermophysics	54	37	17		34	25	9	
苏州纳米技术与纳米仿生研究所 Suzhou Inst. of Bio-Tech and Nano-bionics	53	53			7	5	2	
空间科学与应用研究中心 Center for Space Science and Applied Research	53	31	22		30	12	18	
广州生物医药与健康研究院 Guangzhou Institutes of Biomedicine and Health	49	49			2	2		
地理科学与资源研究所 Inst. of Geographic Sciences and Natural Resources Research	49	44	5		5	5		
软件研究所 Inst. of Software	48	45	3		24	21	3	
南海海洋研究所 South China Sea Inst. of Oceanology	45	40	5		17	15	2	
中国科学院成都有机化学有限公司 CAS Chengdu Organic Chemistry Co., Ltd.	44	43	1		18	18		
中科院广州化学有限公司 CAS Guangzhou Chemistry Co., Ltd.	40	40			27	27		
遗传与发育生物学研究所 Inst. of Genetics and Developmental Biology	40	36	4		24	20	4	
国家纳米科学中心 National Center for Nano Science and Technology of China	38	35	3		6	4	2	
成都生物研究所 Chengdu Inst. of Biology	36	36			9	9		
新疆理化技术研究所 Xinjiang Technical Inst. of Physics and Chemistry	35	35			7	7		
微生物研究所 Inst. of Microbiology	35	35			12	12		
青岛生物能源与过程研究所 Qingdao Inst. of Bioenergy and Bioprocess Technology	33	31	2		1		1	

续表 8-2

机构名称 Institution	申请量 Applied				授权量 Granted			
	合计 Total	发明 Invention	实用新型 Utility model	外观设计 Exterior design	合计 Total	发明 Invention	实用新型 Utility model	外观设计 Exterior design
青海盐湖研究所 Qinghai Inst. of Saline Lakes	31	31			10	10		
力学研究所 Inst. of Mechanics	31	31			38	34	4	
东北地理与农业生态研究所 Northeast Inst. of Geography and Agricultural Ecology	31	28	3		8	5	3	
烟台海岸带研究所 Yantai Inst. of Coastal Zone Research	30	30			1		1	
新疆生态与地理研究所 Xinjiang Inst. of Ecology and Geography	30	28	2		3	1	2	
植物研究所 Inst. of Botany	29	29			14	13		1
昆明植物研究所 Kunming Inst. of Botany	28	28			10	10		
上海应用物理研究所 Shanghai Inst. of Applied Physics	27	22	5		19	17	2	
南京土壤研究所 Nanjing Inst. of Soil Science	25	22	3		16	12	4	
国家授时中心 National Time Service Center	23	16	7		7		7	
近代物理研究所 Inst. of Modern Physics	22	15	7		12	2	10	
地质与地球物理研究所 Inst. of Geology and Geophysics	22	20	2		11	9	2	
成都山地灾害与环境研究所 Chengdu Inst. of Mountain Hazards and Environment	22	17	5		8	4	4	
高能物理研究所 Inst. of High Energy Physics	20	14	5	1	10	8	2	
中国科学院沈阳计算技术研究所有限公司 CAS Shenyang Computing Technology Co., Ltd.	18	10	8		19	6	7	6
中国科学院沈阳科学仪器研制中心有限公司 CAS Shenyang Scientific Instrument Development Co., Ltd.	17	5	11	1	17	1	13	3
武汉病毒研究所 Wuhan Inst. of Virology	16	16			3	2	1	
中国科学院研究生院 Graduate University of Chinese Academy of Sciences	15	15			17	16	1	

续表 8-2

机构名称 Institution	申请量 Applied				授权量 Granted			
	合计 Total	发 明 Invention	实用新型 Utility model	外观设计 Exterior design	合计 Total	发 明 Invention	实用新型 Utility model	外观设计 Exterior design
生物物理研究所 Inst. of Biophysics	15	15			12	12		
国家天文台 National Astronomical Observatories of China	15	15			17	17		
对地观测与数字地球科学中心 Center for Earth Observation and Digital Earth	15	14	1					
北京中科科仪技术发展有限责任公司 KYKY Technology Development Ltd.	13	4	9		9		9	
武汉植物园 Wuhan Botanical Garden	13	10	3		4	2	2	
华南植物园 South China Botanical Garden	13	13			3	3		
武汉物理与数学研究所 Wuhan Inst. of Physics and Mathematics	12	8	4		14	9	5	
西北高原生物研究所 Northwest Inst. of Plateau Biology	12	12						
城市环境研究所 Inst. of Urban Environment	12	8	4					
亚热带农业生态研究所 Inst. of Subtropical Agriculture	11	11			5	5		
广州地球化学研究所 Guangzhou Inst. of Geochemistry	10	9	1		34	13	21	
南京地理与湖泊研究所 Nanjing Inst. of Geography and Limnology	10	10			6	2	4	
昆明动物研究所 Kunming Inst. of Zoology	10	10			6	6		
遥感应用研究所 Inst. of Remote Sensing Application	10	9	1		2	1	1	
地球化学研究所 Inst. of Geochemistry	10	10			1	1		
水土保持与生态环境研究中心 Inst. of Soil and Water Conservation	9	9			11	11		
西双版纳热带植物园 Xishuangbanna Tropical Botanical Garden	8	7	1		5	4	1	

机构名称 Institution	申请量 Applied				授权量 Granted			
	合计 Total	发 明 Invention	实用新型 Utility model	外观设计 Exterior design	合计 Total	发 明 Invention	实用新型 Utility model	外观设计 Exterior design
水生生物研究所 Inst. of Hydrobiology	7	7			7	3	4	
寒区旱区环境与工程研究所 Cold and Arid Regions Environmental and Engineering Research Inst.	6	2	4		10	4	6	
中科院广州电子技术有限公司 CAS Guangzhou Electronics Technology Co., Ltd.	5	3	2		3	2	1	
计算机网络信息中心 Computer Network Information Center	5	4	1		2	2		
大气物理研究所 Inst. of Atmospheric Physics	5	5						
紫金山天文台 Purple Mountain Observatory	4	3	1		1	1		
天津工业生物技术研究所(筹) Tianjin Inst. of Industrial Biotechnology	4	4						
上海天文台 Shanghai Observatory	4	2	2					
测量与地球物理研究所 Inst. of Geodesy and Geophysics	3	2	1		5	1	4	
数学与系统科学研究院 Academy of Mathematics and Systems Science	3	3			2	2		
成都中科唯实仪器有限责任公司 CAS Chengdu Weishi Instrument Co., Ltd.	1		1		3		3	
北京基因组研究所 Beijing Inst. of Genomics	1	1						
动物研究所 Inst. of Zoology					7	5	2	
心理研究所 Inst. of Psychology					4	4		
中科院成都信息技术有限公司 CAS Chengdu Information Technology Co., Ltd.					3		3	
青藏高原研究所 Inst. of Qinghai-Tibet Plateau					1	1		
南京中科天文仪器有限公司 Nanjing Astronomical Instruments Co., Ltd.					1	1		

8-3 科技论文的发表及被引用情况

S&T Publications and Citations

年 份 Year	被国际上收录(篇) Catalogued by major international indexes (article)	SCIE 论文 Catalogued by SCIE (article)	SCI 论文被引用 Cited internationally		国内刊物发表(篇) Publications in domestic journals (article)
			篇 (article)	次 (time)	
1988	2212	1713			5458
1989	1740	1270			6099
1990	2097	1611	1568		6430
1991	2304	1690	1217	2440	6671
1992	2642	1724	1943	3898	7170
1993	3539	1877	2284	4393	6754
1994	4064	1993	2318	4286	7038
1995	4614	2276	2615	5033	7424
1996	4219	2224	2943	5727	7813
1997	5500	2926	3436	6724	8175
1998	5478	3277	3815	7534	8593
1999	8249	5376	4250	8582	9526
2000	9186	6063	5219	11046	10299
2001	10165	6725	6135	13658	11022
2002	11740	7611	7756	17624	11181
2003	14516	8632	9772	24746	12169
2004	15738	9500	9860	24746	12790
2005	22257	11952	15053	41934	13826
2006	23589	12392	17620	51926	14654
2007	24045	12423	19853	62007	13872
2008	26569	13761	23284	78600	13673

资料来源：中国科技信息研究所信息分析研究中心(表 8-3，表 8-4)。

Source: Center for Information Analysis, Institute of S&T Information of China (Table 8-3 and Table 8-4).

注：1. 被国际收录的论文数据采集自美国的三种在国际上颇有影响的检索工具，即《科学引文索引》、《工程索引》和《科学技术会议索引》，国内论文数据直接取自选作统计源的国内科技期刊(2008 年为 1868 种)。

Note: Data in "Papers catalogued by major international indexes" are from SCI, EI and ISTP, and data in "Publications in domestic journals" are selected directly from domestic S&T journals (1868 journals in 2008) which are taken as the source.

2. SCI 论文被引用情况是指 SCI 引文数据库前 5 年收录的论文情况在第六年被引用的统计，例如，2008 年 SCI 被引用是指 2003~2007 年被收录的论文在 2008 年被引用的情况，2007 年 SCI 论文被引用情况是指 2002~2006 年被收录的论文在 2007 年被引用的情况。其他年份依次类推。

Citation in the sixth year of papers quoted during the previous five years. For instance,citation in 2008 of papers quoted in 2003~2007, citation in 2007 of papers quoted in 2002~2006.The rest of the years is on this analogy.

3. 自 1999 年此表《SCI》论文检索数据源由光盘版改为扩展版《SCIE》。

Since 1999, SCI data in the table came from the network of SCIE instead of the light disk.

8-4 科技论文的发表及被引用情况(2008 年)

S&T Publications and Citations: 2008

	被国际上收录(篇) Catalogued by major international indexes (article)		SCI 论文被引用 Cited internationally		国内刊物发表(篇) Publications in domestic journals (article)
		SCIE 论文 Catalogued by SCIE (article)	篇 (article)	次 (time)	
总 计 Total	**26569**	**13761**	**23284**	**78600**	**13673**
一、按学科分 By discipline					
数学 Mathematics	752	273	422	1359	315
信息科学与系统科学 Information science & systems science	57	25	6	28	17
力学 Mechanics	874	46	191	878	42
物理学 Physics	4435	2643	3322	9275	1081
化学 Chemistry	4957	3679	8632	34534	808
天文学 Astronomy	462	352	605	1856	205
地球科学 Earth sciences	1671	1141	1125	3285	1099
生物学 Biologcal sciences	2131	1787	2606	8048	1297
预防医学 Preventive medicine	19	17	18	50	36
基础医学 Basic medical science	342	262	428	1413	109
药学 Pharmacy	166	166	256	769	70
临床医学 Clinical medicine	88	85	107	372	64
中医学 Chinese herbal medicine			36	113	103
军事医学与特种医学 Military medicine & Special medicine	12	12	10	32	8

续表 8-4

	被国际上收录(篇) Catalogued by major international indexes (article)	SCIE 论文 Catalogued by SCIE (article)	SCI 论文被引用 Cited internationally 篇 (article)	次 (time)	国内刊物发表(篇) Publications in domestic journals (article)
农学 Agronomy	296	241	326	899	1345
林学 Forestry	43	39	52	141	119
畜牧兽医 Animal husbandry & veterinary medicine	4	4	7	12	67
水产 Fishery	90	88	152	312	45
测绘技术 Mapping technology	29				102
材料科学 Material sciences	2179	999	1711	4506	99
工程与技术基础学科 Basic engineering and technology	202	64	95	335	130
矿业 Mining	113	6	7	14	29
能源科学技术 Energy science & technology	322	89	60	147	171
冶金、金属 Metallurgy & metal	427	53	48	73	201
机械工程 Mechanical engineering	577	143	78	185	205
动力与电气 Dynamics & electrical engineering	452	3	121	323	187
核科学技术 Nuclear science & technology	79	48	26	53	135
电子、通讯与自动控制 Electrnics, communication & automation control technology	2054	255	146	251	1645
计算科学技术 Computer science & technology	1408	143	138	335	1695
化工 Chemical engineering	457	209	259	683	340
轻工纺织 Light industry & textile	2				20

续表 8-4

	被国际上收录(篇) Catalogued by major international indexes (article)	SCIE 论文 Catalogued by SCIE (article)	SCI 论文被引用 Cited internationally 篇 (article)	次 (time)	国内刊物发表(篇) Publications in domestic journals (article)
食品 Food (salty)	55	36	16	31	26
土木建筑 Civil engineering	296	23	44	109	153
水利 Water conservancy	73	13	5	9	50
交通运输 Transportation	43	2	2	2	50
航空航天 Space and astronautics	224	95	6	9	220
安全科学技术 Safty science technology	38		4	5	1
环境科学 Environmental science & technology	997	699	802	2553	807
管理学 Mangement	124	13	3	14	10
其他 Others	19	8	1412	5587	567
二、按单位分 By unit					
(一)院直属事业单位 Institution					
北京分院(筹) Beijing Branch	10093	5025	8613	29033	4759
沈阳分院 Shenyang Branch	2516	1264	1694	6229	1009
长春分院 Changchun Branch	1606	813	1471	5719	890
上海分院 Shanghai Branch	3679	2204	4416	15211	957
南京分院 Nanjing Branch	372	238	342	931	506
合肥物质科学研究院 Hefei Institutes of Physical Sciences	886	432	547	1666	351

续表 8-4

	被国际上收录(篇) Catalogued by major international indexes (article)	SCIE 论文 Catalogued by SCIE (article)	SCI 论文被引用 Cited internationally 篇 (article)	次 (time)	国内刊物发表(篇) Publications in domestic journals (article)
武汉分院 Wuhan Branch	652	359	455	1297	379
广州分院 Guangzhou Branch	719	422	705	2217	760
成都分院 Chengdu Branch	497	219	158	600	392
昆明分院 Kunming Branch	500	392	549	1567	519
西安分院 Xi'an Branch	247	102	150	413	205
兰州分院 Lanzhou Branch	877	490	766	2199	693
新疆分院 Xinjiang Branch	87	49	23	47	202
中国科学院本部 CAS Headquarters	1		3	21	2
(二)学校及公共支撑机构 Universitites and Public Supporting Institute	3811	1730	3248	10844	2019
(三)院属单位投资企业 CAS Institution Invested Enterprises	26	22	144	606	21

注：1.《中国科技论文与引文数据库》(CSTPCD)中有 9 篇，被国际收录论文有 4 篇，对作者单位只检索到"中国科学院"，故此表各所未含该部分论文数。

Note: 9 papers were include in CSTPCD, and 4 papers were catalogued by major internal indexes. Authors' institutions are searched only under the categoey of CAS. So,this table does not include these numbers of paper.

2.论文的学科分类是以论文所属学科，按国家标准《学科分类与代码》(GB/T13745—1992)进行的分类统计。

Papers are classified by disciplins.The statistics are based on the discipline classification of the state standards (GB/T13745—1992).

8-5 科技论文在国内重要期刊上发表及被引用情况
S&T Papers Published and Cited by Major Domestic Journals

年 份 Year	国内期刊发表数 (篇) Papers published in domestic journals (article)	其中：NSFC 基金论文数(篇) NSFC papers (article)	在国内被引用 Cited domestically	
			篇 (article)	次 (time)
1990	4738	1215		
1991	4780	1342		
1992	5025	1570		
1993	4826	1611		
1994	4931	1783	2164	2968
1995	5092	1848	2309	3141
1996	6592	2331	2989	3911
1997	7261	2680	3455	4701
1998	7291	4016	3998	5316
1999	8301	3353	5466	8028
2000	9356	3585	6752	10188
2001	9688	4350	7034	11047
2002	9773	4570	8546	13716
2003	10588	4770	9414	15678
2004	11112	5047	11378	19928
2005	11670	5728	12606	22567
2006	11336	5561	13809	25060
2007	11195	5654	13698	25696
2008	11219	5592	14313	26321

资料来源：中国科学引文数据库(核心库)。

Source: Chinese Science Citation Database (Core Database).

注：中国科学引文数据库的数据来源于国内较重要的 773 种(1989～1995 年为 315 种）中英文期刊。NSFC 基金论文数是指受国家自然科学基金资助的论文数。在国内被引用情况是指中国科学引文数据库前 5 年收录的论文在第六年被引用的统计，例如，2008 年国内被引情况是指 2003～2007 年被收录的论文在 2008 年被引用的情况，2007 年国内被引情况是指 2002～2006 年被收录的论文在 2007 年被引用的情况。其他年份依次类推。

Note: Data in Chinese Science Citation Database are from 773 major domestic S&T journals in Chinese and English (315 major domestic S&T journals in 1989～1995). Data of NSFC papers refer to the number of papers which are published on the basis of research projects supported by the National Natural Science Foundation of China. Domestic citation refers to the citation of papers quoted by Chinese Science Citation Database over the previous five years. For instance, the citation in 2008 of papers quoted in 2003～2007,the citation in 2007 of papers quoted in 2002～2006. The papers citation for the rest of the years is on this analogy.

8-6 科技论文在国内重要期刊上被引次数最多的前30名机构(2008年)

Top 30 Institutions in Citation of S&T Papers by Major Domestic Journals: 2008

机构名称 Institution	在国内被引用 Cited domestically	
	篇 (article)	次 (time)
地理科学与资源研究所 Inst. of Geographic Sciences and Natural Resources Research	878	1905
寒区旱区环境与工程研究所 Cold and Arid Regions Environmental and Engineering Research Inst.	844	1894
地质与地球物理研究所 Inst. of Geology and Geophysics	653	1516
中国科学技术大学 University of Science and Technology of China	934	1368
大气物理研究所 Inst. of Atmospheric Physics	579	1276
沈阳应用生态研究所 Shenyang Inst. of Applied Ecology	570	1189
南京土壤研究所 Nanjing Inst. of Soil Science	510	1125
生态环境研究中心 Research Center of Eco-Environmental Sciences	485	934
东北地理与农业生态研究所 Northeast Inst. of Geography and Agriculture Ecology	392	779
广州地球化学研究所 Guangzhou Inst. of Geochemistry	403	754
南京地理与湖泊研究所 Nanjing Inst. of Geography and Limnology	331	747
植物研究所 Inst. of Botany	334	699
新疆生态与地理研究所 Xinjiang Inst. of Ecology and Geography	318	664
上海光学精密机械研究所 Shanghai Inst. of Optics and Fine Mechanics	326	524
水土保持研究所 Inst. of Soil and Water Conservation	201	453

续表 8-6

机构名称 Institution	在国内被引用 Cited domestically	
	篇 (article)	次 (time)
地球化学研究所 Inst. of Geochemistry	230	434
海洋研究所 Inst. of Oceanology	248	414
长春光学精密机械与物理研究所 Changchun Inst. of Optics, Fine Mechanics and Physics	237	412
华南植物研究所 South China Inst. of Botany	233	410
动物研究所 Inst. of Zoology	231	350
计算技术研究所 Inst. of Computing Technology	172	346
水生生物研究所 Inst. of Hydrobiology	212	343
软件研究所 Inst. of Software	171	296
西安光学精密机械研究所 Xi'an Inst. of Optics and Precision Mechanics	167	295
大连化学物理研究所 Dalian Inst. of Chemical Physics	200	289
遥感应用研究所 Inst. of Remote Sensing Applications	165	274
西双版纳热带植物园 Xishuangbanna Tropical Botanical Garden	151	269
南海海洋研究所 South China Sea Inst. of Oceanology	160	265
亚热带农业生态研究所 Inst. of Subtropical Agricultural Ecology	138	252
西北高原生物研究所 Northwest Inst. of Plateau Biology	130	251

资料来源：中国科学引文数据库(核心库)。

Source: Chinese Science Citation Database(Core Database).

注：国内被引情况是指 2003~2007 年被中国科学引文数据库收录的论文在 2008 年被引用的情况。

Note: Domestic citation refers to citation in 2008 of papers quoted by Chinese Science Citation Database in 2003~2007.

8-7 获国家自然科学奖情况

S&T Achievements Granted with National Natural Science Awards

年 份 Year	项 目 Item	获奖总项数 Total	一等奖 1st class	二等奖 2nd class	三等奖 3rd class	四等奖 4th class
1956	全国授奖项数 National total	34	3	5	26	
(第一届)	中国科学院获奖数 Awards won by CAS	23	3	2	18	
1982	全国授奖项数 National total	125	9	40	49	27
(第二届)	中国科学院获奖数 Awards won by CAS	47	2	23	17	5
1987	全国授奖项数 National total	178	11	39	87	41
(第三届)	中国科学院获奖数 Awards won by CAS	72	7	17	33	15
1989	全国授奖项数 National total	59	2	19	23	15
(第四届)	中国科学院获奖数 Awards won by CAS	32	2	11	14	5
1991	全国授奖项数 National total	53		10	31	12
(第五届)	中国科学院获奖数 Awards won by CAS	16		5	11	
1993	全国授奖项数 National total	52	1	18	21	12
(第六届)	中国科学院获奖数 Awards won by CAS	20	1	11	6	2
1995	全国授奖项数 National total	57		15	27	15
(第七届)	中国科学院获奖数 Awards won by CAS	25		10	11	4
1997	全国授奖项数 National total	51	1	8	30	12
(第八届)	中国科学院获奖数 Awards won by CAS	20	1	5	12	2
1999	全国授奖项数 National total	57		10	31	16
(第九届)	中国科学院获奖数 Awards won by CAS	21		7	11	3
2000	全国授奖项数 National total	15		15		
(第十届)	中国科学院获奖数 Awards won by CAS	6		6		

续表 8-7

年份 Year	项目 Item	获奖总项数 Total	一等奖 1st class	二等奖 2nd class	三等奖 3rd class	四等奖 4th class
2001 (第十一届)	全国授奖项数 National total	18		18		
	中国科学院获奖数 Awards won by CAS	8		8		
2002 (第十二届)	全国授奖项数 National total	24	1	23		
	中国科学院获奖数 Awards won by CAS	12	1	11		
2003 (第十三届)	全国授奖项数 National total	19	1	18		
	中国科学院获奖数 Awards won by CAS	6	1	5		
2004 (第十四届)	全国授奖项数 National total	28		28		
	中国科学院获奖数 Awards won by CAS	10		10		
2005 (第十五届)	全国授奖项数 National total	38		38		
	中国科学院获奖数 Awards won by CAS	17		17		
2006 (第十六届)	全国授奖项数 National total	29	2	27		
	中国科学院获奖数 Awards won by CAS	12		12		
2007 (第十七届)	全国授奖项数 National total	39		39		
	中国科学院获奖数 Awards won by CAS	13		13		
2008 (第十八届)	全国授奖项数 National total	34		34		
	中国科学院获奖数 Awards won by CAS	17		17		
2009 (第十九届)	全国授奖项数 National total	28	1	27		
	中国科学院获奖数 Awards won by CAS	13	1	12		

注：表中院获奖数是院直属单位为第一完成单位的获奖数。自 2000 年始国家自然科学奖只设一、二等奖，2003 年增设特等奖。

Note: In the table, the number of awards won by CAS indicates the number of awards won by the CAS institution who is the first unit for the achievement. Since 2000, National Natural Science Awards only has had 1st and 2nd class Awards. Since 2003, Special Class Award of Natural Science Awards has been added.

8-8　获国家技术发明奖情况

S&T Achievements Granted with National Technology Invention Awards

年 份 Year	项 目 Item	获奖总项数 Total	一等奖 1st class	二等奖 2nd class	三等奖 3rd class	四等奖 4th class
1979	全国授奖项数 National total	43	1	12	24	6
	中国科学院获奖数 Awards won by CAS	12	1	3	7	1
1980	全国授奖项数 National total	109		13	75	21
	中国科学院获奖数 Awards won by CAS	22		4	17	1
1981	全国授奖项数 National total	123	3	10	56	54
	中国科学院获奖数 Awards won by CAS	6			3	3
1982	全国授奖项数 National total	153	4	17	68	64
	中国科学院获奖数 Awards won by CAS	9			4	5
1983	全国授奖项数 National total	212	5	18	108	81
	中国科学院获奖数 Awards won by CAS	11		2	8	1
1984	全国授奖项数 National total	264	7	25	125	107
	中国科学院获奖数 Awards won by CAS	15	1	3	8	3
1985	全国授奖项数 National total	185	6	18	92	69
	中国科学院获奖数 Awards won by CAS	6			4	2
1986	全国授奖项数 National total	30		3	12	15
	中国科学院获奖数 Awards won by CAS					
1987	全国授奖项数 National total	225	1	24	96	104
	中国科学院获奖数 Awards won by CAS	12		1	9	2

续表 8-8

年份 Year	项目 Item	获奖总项数 Total	一等奖 1st class	二等奖 2nd class	三等奖 3rd class	四等奖 4th class
1988	全国授奖项数 National total	217	4	20	97	96
	中国科学院获奖数 Awards won by CAS	12	1	2	6	3
1989	全国授奖项数 National total	150		14	67	69
	中国科学院获奖数 Awards won by CAS	4			3	1
1990	全国授奖项数 National total	224	3	15	113	93
	中国科学院获奖数 Awards won by CAS	5			4	1
1991	全国授奖项数 National total	209	1	12	92	104
	中国科学院获奖数 Awards won by CAS	7	1	1	4	1
1992	全国授奖项数 National total	170		10	68	92
	中国科学院获奖数 Awards won by CAS	5		1	1	3
1993	全国授奖项数 National total	175		16	74	85
	中国科学院获奖数 Awards won by CAS	5		2	3	
1995	全国授奖项数 National total	131	1	12	59	59
	中国科学院获奖数 Awards won by CAS	4		1	3	
1996	全国授奖项数 National total	111	1	8	56	46
	中国科学院获奖数 Awards won by CAS	9		1	6	2
1997	全国授奖项数 National total	100	1	13	46	40
	中国科学院获奖数 Awards won by CAS					
1998	全国授奖项数 National total	72		10	30	32
	中国科学院获奖数 Awards won by CAS	4		1	1	2
1999	全国授奖项数 National total	69		13	38	18
	中国科学院获奖数 Awards won by CAS	7		2	4	1

续表 8-8

年份 Year	项目 Item	获奖总项数 Total	一等奖 1st class	二等奖 2nd class	三等奖 3rd class	四等奖 4th class
2000	全国授奖项数 National total	23		23		
	中国科学院获奖数 Awards won by CAS	2		2		
2001	全国授奖项数 National total	14		14		
	中国科学院获奖数 Awards won by CAS	1		1		
2002	全国授奖项数 National total	21		21		
	中国科学院获奖数 Awards won by CAS	1		1		
2003	全国授奖项数 National total	19		19		
	中国科学院获奖数 Awards won by CAS	1		1		
2004	全国授奖项数 National total	28	2	26		
	中国科学院获奖数 Awards won by CAS	1		1		
2005	全国授奖项数 National total	40	1	39		
	中国科学院获奖数 Awards won by CAS	8		8		
2006	全国授奖项数 National total	56	1	55		
	中国科学院获奖数 Awards won by CAS	5		5		
2007	全国授奖项数 National total	51	1	50		
	中国科学院获奖数 Awards won by CAS	3		3		
2008	全国授奖项数 National total	55	3	52		
	中国科学院获奖数 Awards won by CAS	3		3		
2009	全国授奖项数 National total	55	2	53		
	中国科学院获奖数 Awards won by CAS	2		2		

注: 1. 1994 年国家技术发明奖停评一年。

Note: The evaluation of achievements for National Technology Invention Awards was suspended in 1994 for a year.

2. 表中院获奖数是院直属单位为第一完成单位的获奖数。自 2000 年始国家技术发明奖只设一、二等奖，2003 年增设特等奖。

In the table,the number of awards won by CAS indicates the number of awards won by the CAS institution who is the first unit for the achievement. Since 2000, National Technology Invention Awards only has had 1st and 2nd class Awards. Since 2003, the Special Class Award of National Technology Invention Awards has been established.

8-9 获国家科技进步奖情况

S&T Achievements Granted with National S&T Progress Awards

年份 Year	项目 Item	获奖总项数 Total	特等奖 Special class	一等奖 1st class	二等奖 2nd class	三等奖 3rd class
1985	全国授奖项数 National total	1761	23	135	535	1068
	中国科学院获奖数 Awards won by CAS	73	2	8	28	35
1987	全国授奖项数 National total	807	4	50	237	516
	中国科学院获奖数 Awards won by CAS	36		1	13	22
1988	全国授奖项数 National total	515	3	34	151	327
	中国科学院获奖数 Awards won by CAS	29		4	11	14
1989	全国授奖项数 National total	504	3	36	152	313
	中国科学院获奖数 Awards won by CAS	26		1	9	16
1990	全国授奖项数 National total	505	3	32	142	328
	中国科学院获奖数 Awards won by CAS	17	1	3	5	8
1991	全国授奖项数 National total	502	1	32	140	329
	中国科学院获奖数 Awards won by CAS	28		1	11	16
1992	全国授奖项数 National total	649	3	38	195	413
	中国科学院获奖数 Awards won by CAS	40		4	14	22
1993	全国授奖项数 National total	441	2	27	122	290
	中国科学院获奖数 Awards won by CAS	22		3	10	9
1995	全国授奖项数 National total	607	2	25	182	398
	中国科学院获奖数 Awards won by CAS	44		2	13	29
1996	全国授奖项数 National total	536	4	20	169	343
	中国科学院获奖数 Awards won by CAS	31			8	23
1997	全国授奖项数 National total	475	3	19	150	303
	中国科学院获奖数 Awards won by CAS	21		1	10	10
1998	全国授奖项数 National total	471	3	22	133	313
	中国科学院获奖数 Awards won by CAS	24		2	6	16

续表 8-9

年份 Year	项目 Item	获奖总项数 Total	特等奖 Special class	一等奖 1st class	二等奖 2nd class	三等奖 3rd class
1999	全国授奖项数 National total	476	2	17	143	314
	中国科学院获奖数 Awards won by CAS	20			6	14
2000	全国授奖项数 National total	250		22	228	
	中国科学院获奖数 Awards won by CAS	9			9	
2001	全国授奖项数 National total	191		17	174	
	中国科学院获奖数 Awards won by CAS	7		1	6	
2002	全国授奖项数 National total	218		18	200	
	中国科学院获奖数 Awards won by CAS	14			14	
2003	全国授奖项数 National total	216	1	16	199	
	中国科学院获奖数 Awards won by CAS	9			9	
2004	全国授奖项数 National total	244		16	228	
	中国科学院获奖数 Awards won by CAS	14		1	13	
2005	全国授奖项数 National total	236		18	218	
	中国科学院获奖数 Awards won by CAS	18			18	
2006	全国授奖项数 National total	241	1	20	220	
	中国科学院获奖数 Awards won by CAS	13		2	11	
2007	全国授奖项数 National total	254		19	235	
	中国科学院获奖数 Awards won by CAS	14			14	
2008	全国授奖项数 National total	254	3	26	225	
	中国科学院获奖数 Awards won by CAS	14		1	13	
2009	全国授奖项数 National total	282	3	17	262	
	中国科学院获奖数 Awards won by CAS	14			14	

注: 1. 国家科技进步奖 1986 年、1994 年停评。

Note: The evaluation of achievements for National S&T Progress Awards was suspended in 1986 and 1994 respectively.

2. 表中院获奖数是院直属单位为第一完成单位的获奖数。自 2000 年始国家科技进步奖设一、二等奖，2003 年增设特等奖。

In the table, the number of awards won by CAS indicates the number of awards won by the CAS institution who is the first unit for the achievement. Since 2000, National S&T Progress Awards has had only 1st and 2nd class Awards. Since 2003, the special class Award has been added.

8-10 获国家科学技术奖情况(2009年)
S&T Achievements Granted with National S&T Awards: 2009

	合计 Total	一等奖 1st class	二等奖 2nd class
总计 Total	29	1	28
一、国家最高科学技术奖(人) State Supreme S&T Award(person)			
二、国家自然科学奖(项) National Natural Science Award(item)	13	1	12
植物研究所 Inst. of Botany	1	1	
数学与系统科学研究院 Academy of Mathematics and Systems Science	1		1
半导体研究所 Inst. of Semiconductors	1		1
国家天文台 National Astronomical Observatories of China	1		1
上海有机化学研究所 Shanghai Inst. of Organic Chemistry	1		1
长春应用化学研究所 Changchun Inst. of Applied Chemistry	2		2
过程工程研究所 Inst. of Process Engineering	1		1
地质与地球物理研究所 Inst. of Geology and Geophysics	1		1
生态环境研究中心 Research Center for Eco-Environmental Sciences	1		1
上海药物研究所 Shanghai Inst. of Materia Medica	1		1
工程热物理研究所 Inst. of Engineering Thermophysics	1		1
中国科学技术大学 University of Science and Technology of China	1		1
三、国家技术发明奖(项) National Technology Invention Award(item)	2		2
过程工程研究所 Inst. of Processing Engineering	1		1
光电技术研究所 Inst. of Optics and Electronics	1		1
四、国家科技进步奖(项) National S&T Progress Award(item)	14		14
海洋研究所 Inst. of Oceanology	1		1

续表 8-10

	合 计 Total	一等奖 1st class	二等奖 2nd class
中科院成都信息技术有限公司 CAS Chengdu Information Technology Co., Ltd.	1		1
长春应用化学研究所 Changchun Inst. of Applied Chemistry	1		1
金属研究所 Inst. of Metals Research	1		1
电工研究所 Inst. of Electrical Engineering	1		1
沈阳自动化研究所 Shenyang Inst. of Automation	1		1
成都山地灾害与环境研究所 Chengdu Inst. of Mountain Hazards and Environment	2		2
水生生物研究所 Inst. of Hydrobiology	1		1
寒区旱区环境工程研究所 Cold and Arid Regions Environmental and Engineering Research Inst.	1		1
地质与地球物理研究所 Inst. of Geology and Geophysics	1		1
武汉岩土力学研究所 Wuhan Inst. of Rock and Soil Mechanics	1		1
测量与地球物理研究所 Inst. of Geodesy and Geophysics	1		1
地理科学与资源研究所 Inst. of Geographic Sciences and Natural Resources Research	1		1

注: 1. 国家最高科学技术奖每年只奖励 2 人。

Note: State Supreme S&T Award is only given to 2 persons every year.

2. 总计中不包括国家最高科学技术奖。

The total number excludes the State Supreme S&T Award.

3. 表中院获奖数是院直属单位为第一完成单位的获奖数。

In the table, the number of awards won by CAS indicates the number of awards won by the CAS institution who is the first unit for the achievement.

九、院、所投资企业开发经营活动

BUSINESS ACTIVITIES OF CAS AND ITS INSTITUTION INVESTED ENTERPRISES

9-1 院、所投资企业总体情况

Statistical Indices of CAS and Its Institution Invested Enterprises

单位: 万元 (ten thousand yuan)

项　目 Items	2004 年	2005 年	2006 年	2007 年	2008 年	2009 年
资产总额 Total assets	4944484	9180876	10176973	11526907	11789703	14996911
流动资产 Current assets	3485996	5991706	6661299	7948616	8010756	10550546
负债总额 Total liabilities	2671741	6725501	7131271	7970395	8049342	10139865
少数股东权益 Minority interests	486884	809412	767728	1118164	919473	1366288
所有者权益 Total owners' equity	1785859	2131230	2282877	2438210	2766393	3510513
营业收入 Operating income	5675970	12303978	15699028	17596445	17280195	17375585
营业成本 Cost of sales	4706021	10506167	13465011	14919015	14867146	14981227
费用总额 Total fees	654802	1544720	2121465	2131310	2131139	2040205
利润总额 Total profit	259406	313327	194633	673758	449017	647944
上缴税金总额 Total tax paid	160696	228822	257903	345459	344293	432787
利税总额 Total profit and tax	393752	478913	391970	753750	634211	878975
创汇额(万美元) Foreign exchange income (ten thousand US dollars)	34334	181585	71902	502077	520738	376486
R&D 投入 R&D investment	153805	198740	336830	338667	205666	215371
成果获奖数(项) Achievements (item)	229	167	147	141	110	104
产品项目数(项) Number of products (item)	733	782	755	526	615	565

续表 9-1

项 目 Items	2004 年	2005 年	2006 年	2007 年	2008 年	2009 年
上缴院所利润 Profit turned over to CAS and institutes	16335	23135	23818	24691	11702	49047
上缴院所费用 Fees turned over to CAS and institutes	5636	4625	4931	3565	3782	2590
在职职工总数(人) Total number of staff at work	58185	67198	73371	71283	71872	73524
统计企业数(个) Number of enterprises	432	450	459	492	521	516

注: 1. 各项统计指标是按照企业法人为单位进行统计的。

Note: The statistical indices here are calculated by taking enterprises corporate as the legal bodies.

2. 在职职工总数：2003 年前数据为职工总数，含离退休人员。

The number of staff at work: the total number of staff at work before 2003 included the number of retired personnel.

9-2 院、所投资企业按在职职工总数分组(2009 年)

CAS and Its Institution Invested Enterprises, by Number of Staff: 2009

	合 计 Total	1~10 人 1~10 persons	11~50 人 11~50 persons	51~100 人 51~100 persons	101~200 人 101~200 persons	201~300 人 201~300 persons	>300 人 >300 persons
企业数(个) Number of enterprises	516	103	208	90	65	17	33
(%)	100	19.96	40.31	17.44	12.60	3.29	6.40
人 数 Number of people	73524	569	5524	6529	9379	4148	47375
(%)	100	0.77	7.51	8.88	12.76	5.64	64.44

注: 未提供人数的企业划在 1~10 人范围内。

Note: The number of people of the enterprises which do not provide data is assumed as less than 10.

9-3 院、所投资企业按营业收入分组(2009 年)
CAS and Its Institution Invested Enterprises, by Operating Income: 2009

单位: 万元 (ten thousand yuan)

	合 计 Total	0~<100	100~<500	500~ <1000	1000~ <5000	5000~ <10000	>10000
企业数(个) Number of enterprises	413	84	114	59	80	35	41
(%)	100	20.34	27.60	14.29	19.37	8.47	9.93
营业收入 Operating income	17375585	2869	28918	42810	173869	244354	16882765
(%)	100	0.02	0.17	0.25	1.00	1.40	97.16

注: 表 9-3, 表 9-4, 表 9-7 中企业数(个)是以集团合并报表进行统计得出的结果。

Note: The number of enterprises in Table 9-3, Table 9-4 and Table 9-7 are calculated by taking the number of CAS invested group corporations statistical statement.

9-4 院、所投资企业按年利润总额分组(2009 年)
CAS and Its Institution Invested Enterprises, by Annual Profit: 2009

单位: 万元 (ten thousand yuan)

	合 计 Total	0 以下	0~ <100	100~ <500	500~ <1000	1000~ <5000	5000~ <10000	>10000
企业数(个) Number of enterprises	413	125	155	66	20	33	7	7
(%)	100	30.27	37.53	15.98	4.84	8.00	1.69	1.69
利润总额 Total profit	647944	–43208	3511	13716	14321	77128	54185	528291
(%)	100	–6.67	0.54	2.12	2.21	11.90	8.36	81.54

9-5 营业收入排序前30名的院、所投资企业(2009年)

Top 30 CAS and Its Institution Invested Enterprises in Business Income: 2009

单位：万元　　(ten thousand yuan)

序号 No.	企业名称 Name of enterprises	营业收入 Operating income
1	联想控股有限公司 Legend Holdings Ltd.	14863582
2	中国科学院国有资产经营有限责任公司 CAS Holdings Co.,Ltd.	190771
3	时代出版传媒股份有限公司 Time Publishing & Media Co., Ltd.	175235
4	成都地奥制药集团有限公司 Chengdu Di'ao Pharmaceutical Corporation, CAS	165331
5	中国大恒(集团)有限公司 China Daheng Group	161805
6	北京三环新材料高技术公司 Beijing Sanhuan New Materials High-Tech Inc.	156774
7	上海思富医药有限公司 Shanghai Siful Medicine Co., Ltd.	94701
8	中科软科技股份有限公司 Sinosoft Co., Ltd.	94207
9	科学出版社有限责任公司 Science Press Co., Ltd.	88324
10	中科英华高技术股份有限公司 Zhongke Yinghua High-tech Co., Ltd.	71131
11	天津曙光计算机产业有限公司 Tianjin Dawning Information Industrialigation Co. Ltd.	60701
12	汉王科技股份有限公司 Beijing Hanwang Technology Co., Ltd.	58157
13	东方科学仪器进出口集团有限公司(本部) Oriental Scientific Instrument Import & Export Group Corporation	54736
14	青岛金王应用化学股份有限公司 QingDao Kingking Applied Chemistry Co.,Ltd.	53213
15	云南绿大地生物科技股份有限公司 Yunnan Green-Land Biological Technology Co., Ltd.	49349
16	沈阳新松机器人自动化股份有限公司 SIASUN Robot&Automation Co., Ltd.	46650

续表 9-5

序号 No.	企业名称 Name of enterprises	营业收入 Operating income
17	上海中科股份有限公司 ShangHai China Sciences Co.,Ltd.	43198
18	大连凯飞化学股份有限公司 Dalian Chemphy Chemical Co. Ltd.	37905
19	安徽中科大讯飞信息科技有限公司 Anhui FLYTEK Co., Ltd.	30713
20	中科合成油技术有限公司 SYNFUELS CHINA	28520
21	浙江京新药业股份有限公司 Zhejiang Jingxin Pharmaceutical Co., Ltd.	28358
22	东方科学仪器上海进出口有限公司 Oriental Scientific Instrument Shanghai I/ E Corporation	27847
23	深圳市金科特种材料有限公司 Shenzhen Jinke Special Materials Co., Ltd.	26354
24	联创汽车电子有限公司 DIAS Automotive Electronic Systems Co., Ltd.	24000
25	上海尼赛拉传感器有限公司 Shanghai Nicera Sensor Co., Ltd.	23828
26	北京东方中科集成科技股份有限公司 Beijing Oriental Jicheng Co.,Ltd	23733
27	北京中科资源有限公司 Beijing Zhongke Resource Co.,Ltd.	22654
28	甘肃海林中科科技股份有限公司 Gansu Hailing CAS S&T Holding Co., Ltd.	22499
29	中科铜都粉体新材料股份有限公司 Zhongke Tongdu Powder New-material Incorporated Company	21738
30	北京中科希望软件股份有限公司 Beijing Zhongke Hope Software Co., Ltd.	20284

9-6 利润总额排序前30名的院、所投资企业(2009年)
Top 30 CAS and Its Institution Invested Enterprises in Total Profit: 2009

单位: 万元 (ten thousand yuan)

序号 No.	企业名称 Name of enterprises	利润总额 Total profit
1	联想控股有限公司 Legend Holdings Ltd.	238007
2	中国科学院国有资产经营有限责任公司 CAS Holdings Co.,Ltd.	186440
3	成都地奥制药集团有限公司 Chengdu Di'ao Pharmaceutical Corporation, CAS	35973
4	时代出版传媒股份有限公司 Time Publishing & Media Co., Ltd.	23451
5	北京中关村科学城建设股份有限公司 Beijing Zhongguancun Science City Construction Holding Co., Ltd.	19588
6	科学出版社有限责任公司 Science Press Co., Ltd.	13991
7	北京三环新材料高技术公司 Beijing Sanhuan New Materials High-Tech Inc.	10627
8	汉王科技股份有限公司 Beijing Hanwang Technology Co., Ltd.	9326
9	安徽中科大讯飞信息科技有限公司 Anhui FLYTEK Co., Ltd.	8740
10	沈阳新松机器人自动化股份有限公司 SIASUN Robot&Automation Co.,Ltd.	8323
11	浙江花园生物高科股份有限公司 Zhejiang Garden Biochemical High-tech Co., Ltd.	7908
12	中科实业集团(控股)有限公司(本部) China Sciences Holdings Co., Ltd.	7889
13	北京视宝卫星图像有限公司 Beijing Spot Image Co., Ltd.	6596
14	中科软科技股份有限公司 Sinosoft Co., Ltd.	5075

续表 9-6

序号 No.	企 业 名 称 Name of enterprises	利润总额 Total profit
15	福建福晶科技股份有限公司 Fujian Castech Crystals Inc.	5000
16	长春奥普光电技术股份有限公司 Changchun Aopu Opto-electronic Technology Co., Ltd.	4772
17	上海思富医药有限公司 Shanghai Siful Medicine Co., Ltd.	4677
18	中国大恒(集团)有限公司 China Daheng Group	4356
19	天津曙光计算机产业有限公司 Tianjin Dawning Information Industrialigation Co.， Ltd.	3857
20	合肥科聚高技术有限责任公司 Hefei Keju High-tech Co., Ltd.	3753
21	北京超图软件股份有限公司 Beijing Supermap Software Co., Ltd.	3710
22	东方科学仪器进出口集团有限公司(本部) Oriental Scientific Instrument Import & Export Group Corporation	3642
23	中科院成都信息技术有限公司 CAS Chengdu Information Technology Co., Ltd.	3052
24	武汉中科创新技术股份有限公司 Wuhan Zhongke Innovation Technology Co., Ltd.	3015
25	中科英华高技术股份有限公司 Zhongke Yinghua High-tech Co., Ltd.	2985
26	武汉中科开物技术有限公司 Wuhan Kaiwu Technology Co., Ltd.	2927
27	长春新产业光电技术有限公司 Changchun New Industry Opto-electronic Technology Co., Ltd.	2914
28	北京中科科仪技术发展有限责任公司 KYKY Technology Development Ltd.	2877
29	深圳市金科特种材料有限公司 Shenzhen Jinke Special Materials Co., Ltd.	2568
30	中生北控生物科技股份有限公司 Biosino Biotechnology Co.， Ltd.	2514

9-7 院、所投资企业经营情况按行业分类(2009 年)

Statistics of Business Operation of CAS and Its Institution Invested Enterprises, by Sector: 2009

行 业 Industry	企业数（个） Number of enterprises	营业收入（万元） Operating income (ten thousand yuan)	利润总额（万元） Annual profit (ten thousand yuan)
合 计 Total	**413**	**17375585**	**647944**
采矿业 Mining	1	4026	–896
房地产业 Real estate	2	583	–48
公共管理和社会组织 Public management and social organization			
建筑业 Construction	9	15910	354
教育 Education	1	190	–44
居民服务和其他服务业 Residential service and other services	54	248075	192471
科学研究、技术服务和地质勘查业 Science research, technical services and geological exploration	66	99477	21450
农、林、牧、渔业 Agriculture, forestry, animal husbandry and fishery	11	66770	–14118
批发和零售业 Whole sale and retail	12	361115	24778
水利、环境和公共设施管理业 Water conservancy, environment and public facility management	2	1493	319
金融业 Finance	1	0	–16
文化、体育和娱乐业 Culture, sports and recreation industry	12	288081	38486
信息传输、计算机服务和软件业 Information, communication, computer services and software	50	282758	33873
制造业 Manufacturing	172	15854569	342538
住宿和餐饮业 Lodging and food service	12	8631	463
租赁和商务服务业 Leasing industry and business services	8	143908	8333
交通运输、仓储和邮政业 Transportation, warehousing and post			

9-8 院、所投资企业高新技术产品分类(2009 年)
High-technology Products of CAS and Its Institution Invested Enterprises: 2009

产品分类 Category	产品项目数(项) Number of products (item)	销售收入(万元) Sales income (ten thousand yuan)	出口额(万美元) Export value (ten thousand US dollars)
合 计 Total	**257**	**1032331**	**48158**
电子与信息 Electronics and information technology	78	190233	2538
先进制造 Advanced manufacture	47	107848	5809
生物、医药和医疗器械 Biology, medicine and medical equipment	28	118639	2
新材料 New materials	76	553191	39677
新能源与节能 New energy and energy-saving technology	9	17033	100
环境保护 Environment protection	4	4855	0
地球、空间及海洋工程 Earth, space and ocean			
农业 Agriculture	9	1593	32
航空航天 Aeronautics and space technology	1	3522	0
核应用技术 Nuclear Application Techniques	2	528	0
现代交通 Modern traffic	3	34889	0

主要统计指标解释

1. 院、所投资企业

中国科学院及其所属各单位投资的全资、控股和参股企业。

2. 在职职工总数

在职职工总数包括固定合同制职工、聘用人员和临时工。

3. 少数股东权益

指集团公司的子公司所有者权益中不属于母公司的份额，在合并会计报表中用“少数股东权益”表示。

4. 所有者权益

所有者权益为资产总额扣除负债总额和少数股东权益后的余额。

5. 上缴税金总额

上缴税金总额包括增值税、营业税金及附加、所得税及其他税金的总和。

6. 营业收入

营业收入是指企业在生产经营活动中，由销售产品和商品、进行技术服务、提供劳务等取得的收入。

7. 利润总额

利润总额包括营业利润、投资净收益及营业外收支净额，为所得税前利润。

营业利润是指营业收入扣减成本、各种费用、流转税及附加税费的数额。

投资净收益是指投资收益扣除投资损失后的数额。

营业外收支净额为营业外收入减去营业外支出后的数额。

8. 利税总额

利税总额是税后净利润与全部上缴税金之和。

Explanatory Notes on Key Indicators

1. CAS and its institution invested enterprises

This refers to the wholly owned enterprises, holding companies and share holding companies invested by CAS and its institutions.

2. Total number of staff at work

This includes permanent and contract staff, invited engaged staff and temporary staff.

3. Minority interests

This refers to the share of the total owner's equity of the subordinate company in a group company which does not belong to the parent company. It is indicated as "Minority interests" on the merged statement of the group company accounting.

4. Total owner's equity

This refers to the total value of the assets in an enterprise after deducting all debts and minority shareholders' interests.

5. Total tax

This includes value added tax, business tax, surtax, income tax and other taxes.

6. Operating income

This refers to the income obtained by the enterprises in their production and business activities such as product sales, commodity sales, technical service and labor service.

7. Total profit

This refers to profit before income tax, including operation profit, net income from investment and non-operating profit. Operating profit refers to net income after deduction of cost, various expenditure, indirect tax and surtax. Net income from investment refers to investment income after deducting investment losses, and non-operating profit refers to non-operating income after deducting non-operating expenses.

8. Total profit from interest and tax

Total profit from benefits and tax refers to the net benefits plus total tax of enterprises.

十、院地合作

CAS AND LOCALITY COOPERATION

10-1 院地合作项目社会经济效益情况

General Statistics of CAS and Locality Cooperation Projects

年 份 Year	项目数(项) Number of projects (item)	销售收入(万元) Sales income (ten thousand yuan)	利税总额(万元) Total profits and taxes (ten thousand yuan)
2001	858	1611200	351700
2002	1415	2430975	500720
2003	3002	3124331	594917
2004	2979	3589498	676499
2005	2434	4142053	759678
2006	2522	5123678	751205
2007	3415	6233741	1018048
2008	3867	9642015	1347276
2009	5108	14035242	2165263

注：1. 第 10 部分表中的项目数指：自 1996 年以来中国科学院院属单位通过科技成果转化到地方企业并正在实施的合作项目的数量。

Note: The project index in section 10 refers to the data of cooperative projects transferred by CAS institutions, since 1996, to the local enterprises, and being implemented in the current years.

2. 第 10 部分表中的销售收入及利税总额指：自 1996 年以来中国科学院院属单位通过科技成果转移转化在地方企业当年产生的销售收入及利税总额。

The sales income and profits & taxes in section 10 refer to the total sales income and profits taxes generated by the projects transferred by CAS institutions, since 1996, to the local enterprises.

10-2 院地合作项目按销售收入分组(2009 年)

CAS and Locality Cooperation Projects, by Sales Income: 2009

	合计 Total	3000 万元以下 Under 30 million Yuan	3000~5000 万元 30~50 million Yuan	5000~10000 万元 50~100 million Yuan	1 亿元以上 Over 100 million Yuan
项目数(项) Number of projects (item)	5108	4333	203	284	288
(%)	100	84.8	4.0	5.6	5.6
销售收入(万元) Sales income (ten thousand yuan)	14035242	1237270	908086	1591905	10297981
(%)	100	8.8	6.5	11.3	73.4

10-3 院地合作项目按分院分类(2009年)

CAS and Locality Cooperation Projects, by Branches: 2009

分院及地区 Branch and region	项目数(项) Number of projects (item)	销售收入(万元) Sales income (ten thousand yuan)	利税总额(万元) Total profits and taxes (ten thousand yuan)
总 计 Total	**5108**	**14035242**	**2165263**
北京分院(筹) Beijing Branch	1452	1867874	199232
沈阳分院 Shenyang Branch	353	1907190	281636
长春分院 Changchun Branch	133	929566	160140
上海分院 Shanghai Branch	381	1622529	240396
南京分院 Nanjing Branch	1141	3236000	498316
合肥物质科学研究院 Hefei Institutes of Physical Sciences	285	828608	193872
武汉分院 Wuhan Branch	134	617478	136184
广州分院 Guangzhou Branch	492	1519651	198030
成都分院 Chengdu Branch	400	459585	109631
昆明分院 Kunming Branch	66	277054	45099
西安分院 Xi'an Branch	107	198502	38760
兰州分院 Lanzhou Branch	110	385502	53421
新疆分院 Xinjiang Branch	54	185703	10545

注：为充分发挥分院在院地合作中的作用，将全国31个省、市、自治区（除港、澳、台外）按分院进行了院地合作工作区域的划分，北京分院(筹)：北京市、天津市、河北省、山西省、内蒙古自治区；沈阳分院：辽宁省、山东省；长春分院：吉林省、黑龙江省；上海分院：上海市、浙江省、福建省；南京分院：江苏省、江西省；合肥物质研究院：安徽省、河南省；武汉分院：湖北省、湖南省；广州分院：广东省、广西壮族自治区、海南省；成都分院：四川省、重庆市、西藏自治区；昆明分院：云南省、贵州省；西安分院：陕西省、宁夏回族自治区；兰州分院：甘肃省、青海省；新疆分院：新疆维吾尔自治区。

Note: In order to bring CAS Branches into full play in the cooperation between CAS and local governments and enterprises, CAS has put this responsibility on each of its Branches covering the nation's 31 provinces, municipalities and autonomous regions except Hong Kong, Macao, and Taiwan Regions. The main responsible areas for eath Branch are derided as followings: Beijing Branch is responsible for Beijing, Tianjin, Hebei Province, Shanxi Province, Inner Mongolian Autonomous Region; Shenyang Branch for Liaoning Province, Shandong Province; Changchun Branch for Jilin Province, Heilongjiang Province; Shanghai Branch for Shanghai, Zhejiang Province, Fujian Province; Nanjing Branch for Jiangsu Province, Jiangxi Province; Hefei Institutes of physical Sciences for Anhui Province, Henan Province; Wuhan Branch for Hubei Province, Hunan Province; Guangdong Branch for Guangzhou Province, Guangxi Zhuang Autonomous Region, Hainan Province; Chengdu Branch for Sichuan Province, Chongqing, Tibet Autonomous Region; Kunming Branch for Yunnan Province, Guizhou Province; Xi'an Branch for Shaanxi Province, Ningxia Hui Autonomous Region; Lanzhou Branch for Gansu Province, Qinghai Province; Xinjiang Branch for Xinjiang Uygur Autonomous Region.

10-4 院地合作项目社会经济效益超过10亿元的单位(2009年)

Institutions with Sales Income Surpassing One Billion RMB Generated from CAS and Locality Cooperation: 2009

单位名称 Names of institutes	项目数(项) Number of projects (item)	销售收入(万元) Sales income (ten thousand yuan)	利税总额(万元) Total profits and taxes (ten thousand yuan)
过程工程研究所 Inst. of Process Engineering	198	794452	126262
大连化学物理研究所 Dalian Inst. of Chemical Physics	199	782069	105941
长春应用化学研究所 Changchun Inst. of Applied Chemistry	120	746620	95656
沈阳应用生态研究所 Shenyang Inst. of Applied Ecology	45	574321	75008
沈阳自动化研究所 Shenyang Inst. of Automation	198	572634	60105
中国科学技术大学 University of Science and Technology of China	236	514315	74473
广州能源研究所 Guangzhou Inst. of Energy Conversion	53	510555	78440
力学研究所 Inst. of Mechanics	79	470601	39429
化学研究所 Institute of Chemistry	129	449737	72240
金属研究所 Inst. of Metals Research	340	398171	73047
成都生物研究所 Chengdu Inst. of Biology	69	291198	82989
理化技术研究所 Technical Inst. of Physics and Chemistry	130	282801	44815
东北地理与农业生态研究所 Northeast Inst. of Geography and Agricultural Ecology	17	279463	49054
工程热物理研究所 Inst. of Engineering Thermophysics	54	270656	38475
西安光学精密机械研究所 Xi'an Inst. of Optics and Precision Mechanics	50	255811	106244
上海有机化学研究所 Shanghai Inst. of Organic Chemistry	79	246154	49371
海洋研究所 Inst. Of Oceanology	78	235367	19163

续表 10-4

单位名称 Names of institutes	项目数(项) Number of projects (item)	销售收入(万元) Sales income (ten thousand yuan)	利税总额(万元) Total profits and taxes (ten thousand yuan)
近代物理研究所 Inst. of Modern Physics	31	229576	32637
南海海洋研究所 South China Sea Inst, of oceanology	32	224871	26694
山西煤炭化学研究所 Shanxi Inst. of Coal Chemistry	53	216321	25690
福建物质结构研究所 Fujian Inst. of Research on the Structure of Matter	17	213849	42695
上海生命科学研究院 Shanghai Institutes for Biological Sciences	54	212075	30001
兰州化学物理研究所 Lanzhou Inst. of Chemical Physics	51	200917	27518
深圳先进技术研究院 Shenzhen Institutes of Advanced Technology	46	185150	14815
电工研究所 Inst. of Electrical Engineering	101	185047	25247
计算技术研究所 Inst. of Computing Technology	113	183756	11218
南京土壤研究所 Nanjing Inst. of Soil Science	63	180008	49976
合肥物质科学研究院 Hefei Institutes of Physical Sciences	105	175249	37534
自动化研究所 Inst. Of Automation	81	172344	10861
中科院成都信息技术有限公司 CAS Chengdu Information Technology Co., Ltd.	120	163975	63505
中国科学院成都有机化学有限公司 CAS Chengdu Organic Chemistry Co., Ltd.	105	163085	22992
水生生物研究所 Inst. of Hydrobiology	39	153298	28917
上海技术物理研究所 Shanghai Inst. of Technical Physics	73	143537	13373
上海应用物理研究所 Shanghai Inst. of Applied Physics	54	138575	11775
微生物研究所 Inst. of Microbiology	59	135909	17132
上海硅酸盐研究所 Shanghai Inst. of Ceramics	76	135669	20552
成都山地灾害与环境研究所 Chengdu Inst. of Mountain Hazards and Environment	28	132500	32660
中科院广州化学有限公司 CAS Guangzhou Chemistry Co., Ltd.	40	115430	20518
新疆理化技术研究所 Xinjiang Technical Inst. of Physics and Chemistry	9	102131	8883
亚热带区域农业研究所 Inst. of Subtropical Agriculture	4	102000	12200

十一、国际合作及与港、澳、台地区交流

INTERNATIONAL COOPERATION PLUS EXCHANGES WITH HONG KONG, MACAO AND TAIWAN REGIONS

11-1 国际合作及与港、澳、台地区交流情况
International Cooperation plus Exchanges with Hong Kong, Macao and Taiwan Regions

单位: 人次 (person · time)

年份 Year	派出 CAS staff sent overseas	邀请 Visitors hosted by CAS	年份 Year	派出 CAS staff sent overseas	邀请 Visitors hosted by CAS
1950	16		1987	2216	2558
1951	11		1988	3344	3518
1952	5		1989	4077	2097
1953	53		1990	4456	2184
1954	45	3	1991	4459	2544
1955	84	84	1992	4164	2425
1956	226	204	1993	4378	2719
1957	133	248	1994	4319	1835
1958	159	345	1995	4484	2554
1959	103	302	1996	5432	2018
1960	119	192	1997	5247	2990
1961	75	27	1998	5035	2861
			1999	7237	2895
1976	147	200	2000	6622	2929
1977	217	322	2001	7304	8576
1978	587	571	2002	8460	7987
1979	784	1074	2003	7370	6730
1980	950	1760	2004	7638	11646
1981	1119	1211	2005	8153	13421
1982	1322	992	2006	8922	17481
1983	1222	1798	2007	10058	17209
1984	1827	1845	2008	8638	16480
1985	1713	3197	2009	10447	17668
1986	1310	3770			

注: 2002 年的邀请统计中包含了顺访外宾人次。

Note: The statistics of invited visitors in 2002 include the number of short visits.

11-2 国际合作及与港、澳、台地区交流邀请项目按类型分类(2009年)

Statistics of Visitors Hosted by CAS, by Type of Exchange: 2009

单位: 人次 (person · time)

国家与地区 Country and region	按交流形式分类统计 By type of exchange						
	小 计 Subtotal	考察访问 Academic visit	合作研究 Joint research	国际会议 International conference	培 训 Training	科技展览 S&T exhibition	其 他 Others
合 计 Total	**17668**	**5480**	**7885**	**3730**	**171**	**3**	**399**
亚洲 Asia	4614	1255	2576	653	70		60
阿富汗 Afghanistan	33	32	1				
阿拉伯联合酋长国 United Arab Emirates	2		1	1			
阿曼 Oman	1		1				
巴基斯坦 Pakistan	52	17	7	21	7		
巴勒斯坦 Palestine	3		1		2		
不丹 Bhutan	2		2				
朝鲜 PDRK	14	14					
菲律宾 Philippines	19	1	15	1	2		
哈萨克斯坦 Kazakhstan	25	2	11	12			
韩国 Korea	894	203	590	94			7
吉尔吉斯斯坦 Kyrgyzstan	3			2	1		
柬埔寨 Cambodia	15	11	1		3		
科威特 Kuwait	1		1				
老挝 Laos	12	6	5		1		
马来西亚 Malaysia	151	69	58	11	12		1

国家与地区 Country and region	按交流形式分类统计 By type of exchange						
	小 计 Subtotal	考察访问 Academic visit	合作研究 Joint research	国际会议 International conference	培 训 Training	科技展览 S&T exhibition	其 他 Others
蒙古 Mongolia	40	13	16	8	3		
孟加拉国 Bangladesh	13	2	8	1	1		1
缅甸 Myanmar	7		5		2		
尼泊尔 Nepal	59	8	42	5	4		
日本 Japan	2232	521	1305	374	1		31
塞浦路斯 Cyprus	1		1				
沙特阿拉伯 Saudi Arabia	27	16	8	3			
斯里兰卡 Sri Lanka	8		6		2		
塔吉克斯坦 Tadzhikistan	6		6				
泰国 Thailand	261	118	126	9	5		3
土耳其 Turkey	6		4	2			
文莱 Brunei	2		2				
乌兹别克斯坦 Uzbekistan	24	18	1	3	2		
新加坡 Singapore	155	62	63	25	1		4
叙利亚 Syria	1						1
亚美尼亚 Armenia	8		8				
也门共和国 Republic of Yemen	5		4				1
伊朗 Iran	72	4	53	5			10

续表 11-2

国家与地区 Country and region	按交流形式分类统计 By type of exchange						
	小 计 Subtotal	考察访问 Academic visit	合作研究 Joint research	国际会议 International conference	培 训 Training	科技展览 S&T exhibition	其 他 Others
以色列 Israel	64	25	25	14			
印度 India	224	38	126	57	3		
印度尼西亚 Indonesia	27	1	21		4		1
越南 Vietnam	119	74	28	3	14		
亚洲其他国家 Others in Asia	26		24	2			
欧洲 Europe	5869	1830	2416	1497	17	1	108
爱尔兰 Ireland	14	8	6				
爱沙尼亚 Estonia	12		12				
奥地利 Austria	53	3	25	25			
白俄罗斯 Belarus	7	6	1				
保加利亚 Bulgaria	14		9	5			
比利时 Belgium	51	18	18	14	1		
波兰 Poland	39	5	26	8			
丹麦 Denmark	261	116	119	26			
德国 Germany	1613	514	659	390	7	1	42
俄罗斯 Russia	627	176	262	180	2		7
法国 France	831	307	254	248			22

国家与地区 Country and region	按交流形式分类统计 By type of exchange					
	小 计 Subtotal	考察访问 Academic visit	合作研究 Joint research	国际会议 International conference	培 训 Training	科技展览 S&T exhibition	其 他 Others
芬兰 Finland	135	48	63	23			1
荷兰 Netherlands	218	75	55	80	4		4
捷克共和国 Czech Republic	20	5	14	1			
克罗地亚共和国 Republic of Croatia	10	2	6	2			
拉脱维亚 Latvia	1		1				
立陶宛 Lithuania	7		5	1			1
罗马尼亚 Romania	12		10	2			
挪威 Norway	49	14	27	7			1
欧盟 European Union	8	8					
葡萄牙 Portugal	18	4	10	4			
瑞典 Sweden	139	41	59	39			
瑞士 Switzerland	204	64	76	63	1		
斯洛伐克共和国 Slovak Republic	12		6	6			
斯洛文尼亚共和国 Republic of Slovenlia	5		2	3			
乌克兰 Ukraine	30	7	6	16			1
西班牙 Spain	108	37	55	16			

续表 11-2

国家与地区 Country and region	按交流形式分类统计 By type of exchange						
	小 计 Subtotal	考察访问 Academic visit	合作研究 Joint research	国际会议 International conference	培 训 Training	科技展览 S&T exhibition	其 他 Others
希腊 Greece	8	1	3	4			
匈牙利 Hungary	14	3	2	9			
意大利 Italy	382	40	197	144			1
英国 England	909	322	377	180	2		28
欧洲其他国家(地区) Others in Europe	58	6	51	1			
非洲 Africa	165	13	72	29	46		5
阿尔及利亚 Algeria	2		1		1		
埃及 Egypt	21	2	8	7	1		3
埃塞俄比亚 Ethiopia	3		1		2		
安哥拉 Angola	1			1			
加纳 Ghana	6		4		2		
喀麦隆 Cameroon	7		3	1	3		
肯尼亚 Kenya	6		4	2			
利比亚 Libya	22	3			19		
马达加斯加 Madagascar	2				2		
纳米比亚 Namibia	2				2		
南非 South Africa	31	4	22	5			

国家与地区 Country and region	按交流形式分类统计 By type of exchange						
	小计 Subtotal	考察访问 Academic visit	合作研究 Joint research	国际会议 International conference	培训 Training	科技展览 S&T exhibition	其他 Others
尼日尔 Niger	2				2		
尼日利亚 Nigeria	51	1	27	11	10		2
塞拉利昂 Sierra Leone	2				2		
苏丹 Sudan	3		1	2			
坦桑尼亚 Tanzania	2	2					
突尼斯 Tunisia	1	1					
乌干达 Uganda	1		1				
北美洲 North America	4748	1646	1649	1259	18	2	174
巴拿马 Panama	3		3				
哥斯达黎加 Costarica	19	19					
加拿大 Canada	470	136	211	108			15
美国 America	4235	1487	1419	1151	17	2	159
墨西哥 Mexico	15	4	10		1		
北美洲其他国家 Others in North America	6		6				
南美洲 South America	130	79	34	14	3		
阿根廷 Argentina	22	13	8	1			

续表 11-2

国家与地区 Country and region	按交流形式分类统计 By type of exchange						
	小 计 Subtotal	考察访问 Academic visit	合作研究 Joint research	国际会议 International conference	培 训 Training	科技展览 S&T exhibition	其 他 Others
巴西 Brazil	20	3	8	9			
哥伦比亚 Colombia	34	26	6		2		
古巴 Cuba	47	34	10	3			
秘鲁 Peru	4	3			1		
智利 Chile	3		2	1			
大洋洲 Oceania	712	240	333	115	7		17
澳大利亚 Australia	658	226	306	102	7		17
巴布亚新几内亚 Papua New Guinea	1		1				
新西兰 New Zealand	53	14	26	13			
港澳台地区 Hong Kong, Macao and Taiwan Regions	1393	386	805	163	10		29
香港 Hongkong	439	221	136	75			7
澳门 Macao	14	6	3	1			4
台湾 Taiwan	940	159	666	87	10		18
联合国及所属机构和其他国际组织 Others in UN system	30	30					
国(地)别不详	7	1					6

11-3 国际合作及与港、澳、台地区交流派出项目按类型分类(2009年)

Statistics of CAS Staff Sent Overseas, by Type of Exchange: 2009

单位：人次　　　　(person · time)

国家与地区 Country and region	按交流形式分类统计 By type of exchange						
	小计 Subtotal	考察访问 Academic visit	合作研究 Joint research	国际会议 International conference	培训 Training	科技展览 S&T exhibition	其他 Others
合计 Total	**10447**	**1165**	**6173**	**2585**	**272**	**29**	**223**
亚洲 Asia	2744	305	1668	664	61	15	31
阿拉伯联合酋长国 United Arab Emirates	2		2				
阿曼 Oman	11	3		8			
巴基斯坦 Pakistan	21	8	5	8			
巴勒斯坦 Palestine	3		1	2			
朝鲜 PDRK	2	2					
菲律宾 Philippines	38	3	33	2			
格鲁吉亚 Georgia	1		1				
哈萨克斯坦 Kazakhstan	22	7	6	9			
韩国 Korea	513	28	384	97	2	1	1
吉尔吉斯斯坦 Kyrgyzstan	2	1	1				
柬埔寨 Cambodia	9	3	4	2			
科威特 Kuwait	2		2				
老挝 Laos	11	3		8			
马来西亚 Malaysia	61	5	48	6			2

续表 11-3

国家与地区 Country and region	按交流形式分类统计 By type of exchange						
	小 计 Subtotal	考察访问 Academic visit	合作研究 Joint research	国际会议 International conference	培 训 Training	科技展览 S&T exhibition	其 他 Others
蒙古 Mongolia	53	14	5	31	3		
孟加拉国 Bangladesh	1		1				
缅甸 Myanmar	15	2		13			
尼泊尔 Nepal	35		13	18	3		1
日本 Japan	1375	164	748	382	43	14	24
塞浦路斯 Cyprus	1		1				
沙特阿拉伯 Saudi Arabia	11	1	2	8			
斯里兰卡 Sri Lanka	1		1				
塔吉克斯坦 Tajikistan	7	3			4		
泰国 Tailand	122	6	100	14	2		
土耳其 Turkey	23	1	22				
乌兹别克斯坦 Uzbekistan	11		5	4	2		
新加坡 Singapore	211	19	161	27	1		3
叙利亚 Syria	4		4				
伊朗 Iran	6		2	4			
以色列 Israel	30	15	14	1			
印度 India	64	3	49	12			
印度尼西亚 Indonesia	10	4	4	2			
越南 Vietnam	66	10	49	6	1		

国家与地区 Country and region	按交流形式分类统计 By type of exchange					
	小 计 Subtotal	考察访问 Academic visit	合作研究 Joint research	国际会议 International conference	培 训 Training	科技展览 S&T exhibition	其 他 Others
欧洲 Europe	3444	374	1817	1067	109	11	66
爱尔兰 Ireland	18	2	11	3	1		1
奥地利 Austria	85	1	65	16	2		1
白俄罗斯 Belarus	31	30		1			
保加利亚 Bulgaria	6		5	1			
比利时 Belgium	53	5	28	14	6		
冰岛 Iceland	1	1					
波兰 Poland	51	2	43	5	1		
丹麦 Denmark	56	10	33	12	1		
德国 Germany	758	109	358	243	23	2	23
俄罗斯 Russia	430	62	101	240	18	7	2
法国 France	513	46	260	177	22		8
芬兰 Finland	43	3	21	14	5		
荷兰 Netherlands	145	12	63	59	7		4
捷克共和国 Czech Republic	29	3	16	10			
克罗地亚共和国 Republic of Croatia	3		3				
拉脱维亚 Latvia	1		1				
立陶宛 Lithuania	1		1				

国家与地区 Country and region	按交流形式分类统计 By type of exchange						
	小 计 Subtotal	考察访问 Academic visit	合作研究 Joint research	国际会议 International conference	培 训 Training	科技展览 S&T exhibition	其 他 Others
卢森堡 Luxembourg	2		2				
罗马尼亚 Romania	7		6	1			
南斯拉夫 Yugoslavia	1		1				
挪威 Norway	45	3	19	16	1		6
欧盟 European Union	1						1
葡萄牙 Portugal	19	1	16	1			1
瑞典 Sweden	98	2	49	44			3
瑞士 Switzerland	175	11	129	35			
斯洛伐克共和国 Slovak Republic	1		1				
斯洛文尼亚共和国 Republic of Slovenia	5		5				
乌克兰 Ukraine	32	3	1	28			
西班牙 Spain	144	6	125	6	5		2
希腊 Greece	37	3	31	3			
匈牙利 Hungary	41	1	33	7			
意大利 Italy	235	11	176	36	6	1	5
英国 England	375	47	212	95	11	1	9
欧洲其他国家(地区) Others in Europe	2		2				

续表 11-3

国家与地区 Country and region	按交流形式分类统计 By type of exchange						
	小 计 Subtotal	考察访问 Academic visit	合作研究 Joint research	国际会议 International conference	培 训 Training	科技展览 S&T exhibition	其 他 Others
非洲 Africa	172	16	118	30	1		7
阿尔及利亚 Algeria	2						2
埃及 Egypt	37	5	23	9			
布基纳法索 Burkina Faso	1		1				
布隆迪 Burundi	5			5			
加纳 Ghana	2		2				
科特迪瓦 Cote d'Ivoire	3			3			
肯尼亚 Kenya	10	7	3				
利比亚 Libya	1			1			
毛里求斯 Mauritius	5						5
摩洛哥 Morocco	3		2		1		
莫桑比克 Mozambique	1		1				
南非 South Africa	95	4	82	9			
尼日利亚 Nigeria	4		1	3			
塞内加尔 Senegal	1		1				
突尼斯 Tunisia	2		2				

国家与地区 Country and region	按交流形式分类统计 By type of exchange						
	小 计 Subtotal	考察访问 Academic visit	合作研究 Joint research	国际会议 International conference	培 训 Training	科技展览 S&T exhibition	其 他 Others
北美洲 North America	2222	195	1403	525	62	3	34
巴巴多斯 Barbados	1		1				
巴拿马 Panama	3		1	2			
百慕大 Bermuda	1				1		
波多黎各 Puerto Rico	1			1			
格陵兰 Greenland	2	2					
加拿大 Canada	369	41	246	58	8		16
美国 USA	1800	152	1111	463	53	3	18
墨西哥 Mexico	45		44	1			
南美洲 South America	160	28	120	12			
阿根廷 Argentina	17	5	11	1			
巴西 Brazil	116	10	98	8			
玻利维亚 Bolivia	1		1				
哥伦比亚 Colombia	1	1					
古巴 Cuba	8	7	1				
秘鲁 Peru	5	1	4				
委内瑞拉 Venezuela	3	3					
乌拉圭 Uruguay	1	1					
智利 Chile	8		5	3			

国家与地区 Country and region	按交流形式分类统计 By type of exchange						
	小 计 Subtotal	考察访问 Academic visit	合作研究 Joint research	国际会议 International conference	培 训 Training	科技展览 S&T exhibition	其 他 Others
大洋洲 Oceania	391	48	230	89	17		7
澳大利亚 Australia	358	41	205	89	17		6
新西兰 New Zealand	29	7	21				1
大洋洲其他国家 Others in Oceania	4		4				
南极洲 Antarctica	14	11					3
南极 South Pole	14	11					3
北极洲 Arctic	5	5					
北极 North Pole	5	5					
港、澳、台地区 Hong Kong, Macao and Taiwan regions	1295	183	817	198	22		75
香港 Hong Kong	651	61	436	109	10		35
澳门 Macao	60	19	32	5			4
台湾 Taiwan	584	103	349	84	12		36

11-4 在国际组织任职人员情况 (2009.12)

Statistics of CAS Professionals Holding Posts in Various International Organizations: (December, 2009)

	人 数 Person		人 数 Person
一、在国际组织任职人员分布情况 International organizations in which CAS professionals hold posts	678	国际催化学会联盟 International Association of Catalysis Societies (IACS)	1
发展中国家科学院 The Academy of Sciences for the Developing World (TWAS)	137	国际动物学会 The International Society of Zoological Sciences (ISZS)	2
国际天文学联盟 International Astronomical Union (IAU)	5	亚洲科学院协会 Association of Academies of Sciences in Asia (AASA)	1
国际山地综合开发中心 International Center for Integrated Mountain Development (ICIMOD)	4	国际心理学联合会 International Union of Psychological Science (IUPsyS)	3
联合国教科文组织 United Nations Educational, Scientific and Cultural Organization (UNESCO)	4	其他国际组织 Other international organizations	486
国际自然与自然资源保护联盟 International Union for Conservation of Natural Resources (IUCN)	12	二、其中在国际组织担任重要职务情况 Of which, major posts held by CAS professionals	176
国际纯粹与应用化学联盟 International Union of Pure and Applied Chemistry (IUPAC)	5	主席 President	49
国际纯粹与应用物理学联盟 International Union of Pure and Applied Physics (IUPAP)	6	副主席 Vice President	40
国际地圈生物圈计划 The International Geosphere Biosphere Program (IGBP)	4	常务理事 Executive Council Member	71
国际科学理事会 International Council for Science(ICS)	3	国家代表 National Representative	9
国际第四纪研究联盟 International Union for Quaternary Research (INQUA)	3	秘书长 Secretary-General	7
国际科学院委员会 Interacademy Council (IAC)	1	三、在国际组织任职人员中的院士人数 Number of CAS and CAE members who hold international organization posts	133
国际科学院组织 Interacademy Panel on International Issues (IAP)	1		

十二、文献情报、图书出版

DOCUMENTATION, INFORMATION AND PUBLICATION

12-1 文献情报系统馆藏文献情况

Statistics of Documentation Collected by CAS Documentation and Information System

单位: 万册 (ten thousand volumes)

年 份 Year	文献收藏总量 Total collection		图 书 Books			期 刊 Periodicals			其他文献 Others
		其中: 国家科学图书馆总分馆藏书量 Of which: Total books collected by NSL and 3 Branches	合 计 Total	中 文 Chinese	外文 Foreign languages	合 计 Total	中 文 Chinese	外 文 Foreign languages	
1950	63	34	51			12	6	6	
1955	272	118	182	115	67	88	26	62	2
1959	813	413	484	347	137	314	81	233	15
1965	1542	849	851	608	243	664	221	433	27
1978	867	692	367	184	183	193	102	91	307
1981	1753	876	668	354	314	679	190	489	406
1985	2104	962	600	312	288	1089	352	737	415
1988	2935	1240	679	359	320	1809	367	1442	447
1990	2565	1033	836	402	434	1729	357	1372	530
1991	3306	1269	810	392	418	1834	396	1438	662
1992	3032	1446	821	402	419	1553	353	1200	658
1993	3006	1450	786	409	377	1563	364	1199	657
1994	3032	1224	791	456	335	1592	368	1224	649
1995	3632	1232	768	394	374	2236	533	1703	628
1996	3700	1248	764	405	359	2316	549	1767	620
1997	3673	1271	681	339	342	2366	567	1799	626
1998	3606	1345	586	282	304	2295	540	1754	726
1999	4150	1358	629	322	307	2180	564	1616	1342
2000	3807	1365	782	450	332	2183	555	1627	843
2001	3624	1377	741	431	311	2037	538	1499	846
2002	3284	1105	678	416	263	1739	522	1216	868
2003	3194	1432	691	390	301	1713	551	1162	790
2004	3432	1667	711	402	309	1897	556	1341	824
2005	3311	1714	692	394	298	1894	566	1328	725
2006	3327	1369	663	375	288	1943	617	1326	721
2007	3341	1527	681	393	288	1790	525	1265	870
2008	3322	1524	642	375	267	1733	514	1219	947
2009	3923	1506	485	245	240	2528	531	1997	910

注：1. 中国科学院国家科学图书馆(筹)。

Note: National Science Library, Chinese Academy of Sciences.

2. 中国科学院文献情报系统包括中国科学院国家科学图书馆总馆、分馆和研究所文献情报机构。
CAS documentation and information system includes NSL, 3 Branches and documentation and information services in the institutes of CAS.

12-2 数字文献资源建设(2009 年)
Digital Documentation Resources: 2009

	开通数据库(种) Accessible data bank (title)		全文期刊(种) Full-text periodicals(title)		自建数据库(种) Independent data bank(title)	
	二次文献数据库 Secondary document bank	全文数据库 Full-text data bank	外文 Foreign languages	中文 Chinese	文献库 Document bank	非文献库 Non-document bank
总 计 Total	**32**	**162**	**13266**	**32095**	**25**	**7**
其中：国家科学图书馆总分馆 Of which: Collected by NSL and 3 Branches	16	116	11353	19705	25	7

12-3 文献情报系统馆藏图书、期刊情况(2009 年)
Statistics of Books and Periodicals Collected by CAS Documentation and Information System: 2009

单位: 万册 (ten thousand volumes)

	合 计 Total	中 文 Chinese	西 文 Western languages	日 文 Japanese	俄 文 Russian	其 他 Other languages
图书总册数 Total number of books	**485**	**245**	**164**	**22**	**53**	**1**
其中: 国家科学图书馆总分馆 Of which: Collected by NSL and 3 Branches	164	76	49	12	26	1
期刊总册数 Total items of periodicals	**2528**	**531**	**1733**	**138**	**124**	**2**
其中:国家科学图书馆总分馆 Of which: Collected by NSL and 3 Branches	825	283	399	80	62	1

12-4　文献情报系统馆藏其他文献情况(2009 年)

Statistics of Other Documents Collected by CAS Documentation and Information System: 2009

	古籍(册) Ancient books (volume)	学位论文(篇) Theses (article)	会议录(册) Proceedings (volume)	专利文献(件) Patents (item)	照片图纸(张) Photos and blueprints(frame)	科技报告(篇) S&T report (article)
总　计 Total	**627812**	**1705098**	**213058**	**2387317**	**1926216**	**386730**
其中：国家科学图书馆总分馆 Of which: Collected by NSL and 3 Branches	477079	535398	184693	2355956	2010	245114

	成果资料(件) Achievement documents (item)	标准文献(件) Standard documents (item)	音像制品(盒) Audio-visual document (box)	缩微制品(盒) Microform (box)	其他(件) Others (item)	
总　计 Total	**59924**	**32502**	**61499**	**1288062**	**413913**	
其中：国家科学图书馆总分馆 Of which: Collected by NSL and 3 Branches		19148	53681	1217008		

12-5　文献情报系统情报服务情况(2009 年)

Documentation Services Provided by CAS Documentation and Information System: 2009

	文献流通(册·次) Documents circulated (volume·time)	馆际互借(册·次) Inter-library loans (volume·time)	全文传递(篇) Document delivery (article)	全文库下载量(篇) Full-text download (article)	网络服务(点击次数) Services of a network (time)	国际交换(册) International document exchange (volume)	文献复制(页) Document reproduction (page)	到所培训/读者培训(次) On-site /User trainning (time)
总　计 Total	**2824966**	**16934**	**156194**	**6833820**	**24254115**	**24362**	**1976166**	**1271**
其中：国家科学图书馆总分馆 Of which: Collected by NSL and 3 Branches	1251997	4548	70664	6833820	24254115	4385	1389714	1271

12-6　文献情报系统情报加工与服务情况(2009 年)

Information Processing and Services Provided by CAS Documentation and Information System: 2009

	情报服务 Information services			二次文献加工 Secondary information processing		情报调研报告(篇) Information analysis reports (article)
	专题咨询(次) Special subject consultation (time)	文献检索(条) Documentation retrieval (item)	科技查新(项) Novelty-searching (item)	文摘(条) Abstract (item)	数据库数据加工(条) Data processing (item)	
总　计 Total	**9634**	**13077**	**4030**	**275828**	**5638126**	**352**
其中：国家科学图书馆总分馆 Of which: Collected by NSL and 3 Branches	2348	1370	257	227320	5465185	235

12-7 图书

Classification of

年 份 Year	合 计 Total		科学出版社 Science Press		
	初版(种) First edition (title)	重版(种) Republication (title)	初版书 First edition		
			种 (title)	万字 (ten thousand Chinese characters)	万册 (ten thousand volumes)
总 计 Total	**40329**	**36461**	**37890**	**1450473**	**34480**
1950~1954	238		238	3157	106
1955~1965	3301	1557	3301	71427	1396
1966~1970	172	126	172	4834	188
1971~1977	892	177	892	21508	3981
1978~1985	3140	748	3140	89744	5867
1986~1990	2707	479	2480	76280	1758
1991	483	176	396	14624	289
1992	541	136	465	15680	599
1993	618	113	465	17125	399
1994	678	209	608	22448	441
1995	605	247	505	20309	542
1996	653	318	534	17799	466
1997	610	540	515	17495	509
1998	868	822	791	27370	827
1999	1168	918	1068	66681	1088
2000	1283	1211	1180	54273	1209
2001	1335	1549	1215	56990	948
2002	1519	1827	1377	59359	1711
2003	2149	2605	1982	75112	2056
2004	2982	3175	2877	111849	2589
2005	2602	3678	2500	99628	1517
2006	2490	3295	2344	97995	1596
2007	2559	3895	2447	111446	1331
2008	3183	3486	3015	132087	1469
2009	3553	5174	3383	165253	1598

出版情况

Books Published

		中国科学技术大学出版社 University of Science and Technology of China Press				
重版书 Republication		初版书 First edition			重版书 Republication	
种 (title)	万册 (ten thousand volumes)	种 (title)	万字 (ten thousand Chinese characters)	万册 (ten thousand volumes)	种 (title)	万册 (ten thousand volumes)
35196	**50104**	**2439**	**94514**	**2188**	**1265**	**967**
1557	452					
126	26					
177	1547					
748	2483					
436	365	227	7130	256	43	78
133	129	87	2659	60	43	100
109	271	76	2822	51	27	32
85	65	153	4597	653	28	25
137	149	70	2586	44	72	70
167	376	100	3651	78	80	94
270	493	119	4550	100	48	60
481	1089	95	4244	68	59	78
783	1100	77	3185	44	39	36
902	1200	100	4622	53	16	11
1169	1259	103	4043	41	42	20
1471	2787	120	4804	50	78	35
1755	3910	142	5434	75	72	36
2546	4663	167	6869	88	59	39
3124	4844	105	4460	48	51	23
3614	4198	102	4401	79	64	38
3213	4252	146	5700	66	82	33
3785	4333	112	4742	41	110	44
3390	4478	168	6551	63	96	41
5018	5635	170	7464	230	156	74

12-8 图书出版情况(2009 年)
Classification of Books Published: 2009

单位：种数 (title)

学科及书类 Field and type	合 计 Subtotal	科学出版社 Science Press	中国科学技术大学出版社 University of Science and Technology of China Press
总 计 Total	**8727**	**8401**	**326**
一、按学科分 By field			
数学、力学 Mathematics & mechanics	745	690	55
物理 Physics	202	177	25
化学 Chemistry	279	268	11
天文学 Astronomy	2		2
地学 Earth sciences	228	214	14
生物学 Biological sciences	465	447	18
技术科学 Technological sciences	1829	1755	74
综合类 Comprehensive	4977	4850	127
二、按书类分 By type			
专著 Monographs	1336	1292	44
基础理论 Basic theory	554	348	206
论文集 Collected works	92	85	7
应用技术 Applied technology	512	472	40
基本资料 Basic information	118	106	12
工具书 Reference books	41	39	2
科普 Popular science	216	207	9
综述评论 Reviews	28	28	
其他 Others	5830	5824	6

12-9 自然科学期刊分类情况(2009 年)
Classification of Periodicals in Natural Sciences: 2009

单位: 种数 (title)

	总 计 Total	学 术 Academic journals	技 术 Technological journals	检 索 Retrieval journals	科 普 Popular science	指 导 Instructional journals
一、期刊总数 Total number of periodicals	328	266	24	5	24	9
二、刊期 Frequency						
周刊 Weekly	1				1	
旬刊 Three issues per month	3	2				1
半月刊 Semimonthly	7	3			3	1
月刊 Monthly	125	96	12	1	14	2
双月刊 Bimonthly	131	115	9	2	3	2
季刊 Quarterly	60	49	3	2	3	3
半年刊 Semiannually	1	1				
三、学科 Field						
综合 Comprehensive	33	20			6	7
数学 Mathematics	18	16	1	1		
力学 Mechanics	9	8		1		

续表 12-9

	总 计 Total	学 术 Academic journals	技 术 Technological journals	检 索 Retrieval journals	科 普 Popular science	指 导 Instructional journals
物理学 Physics	30	25	4		1	
化学 Chemistry	26	25	1			
天文学 Astronomy	9	7	1		1	
地学 Earth sciences	54	50		1	3	
生物学 Biological sciences	53	47		1	5	
农学 Agriculture sciences	6	5	1			
环境科学 Environmental sciences	18	17	1			
技术科学 Technological sciences	63	42	13	1	7	
其他 Others	9	4	2		1	2

注：其中英文版期刊 69 种。

Note: There are 69 journals published in English.

(G-1955.0101)

ISBN 978-7-03-028950-6